# 育てにくさをもつ子どもたちのホームケア
## 家族ができる取り組みと相談のタイミング

**監修** 小枝　達也　鳥取大学地域学部地域教育学科,鳥取大学附属小学校

**編集** 秋山千枝子　あきやま子どもクリニック
　　　 橋本　創一　東京学芸大学教育実践研究支援センター
　　　 堀口　寿広　国立精神・神経医療研究センター精神保健研究所社会精神保健研究部

診断と治療社

# 推薦の序

## 親に寄り添い子の幸せを開く

　子育ての時に，「大丈夫かしら」と親，特に母親が不安を感じることは珍しくありません．上の子や近所の子に比べて，育児書を読んでなど，そのきっかけはいろいろですが，不安のもとになる理由も多彩です．食べない，寝てくれない，夜中に泣きやまない，こだわりが強すぎるなど，親達の生活そのものを大きく乱すこともあり，子育てに拒否的になる危うさも生じかねません．

　この本は，多数の親が訴える不安や困惑に対応してきた専門家達が，よくある不安や育てにくさの内容を6ヶ月から4歳台の4つの年令群から選び，それぞれについて解説したものです．

　この書を楽しく，読みやすくしているのは，とり上げた各項目ごとにかわいいイラストが示されていることです．親が感じてきた不安や問題について，まず家庭で親が子にどう対応したらよいか，判り易くユーモラスに画かれています．そして，その結果でよくなればよし，もし十分ではないと思われたら，適切な時期に次の相談に移り，その経験を親から相談者に話すことになりましょう．この本に記されている他の項目についてもその子がどんな様子か知ることはとても有意義と思います．もし，同一年齢に記されている他の項目にも気になる内容があると判断されたら，相談に当った専門家は次の対応に何が必要かを速やかに判断する参考にするでしょう．

　執筆者の豊富な経験と実践的な視点が調和し，「発達の支援」に役立つ名著と感じます．

2012年9月<br>
東京都立東部療育センター　院長<br>
有馬正高

# 監修の序

　私の大好きな絵本の一つに，いとうひろし作「だいじょうぶ　だいじょうぶ」という本があります．世の中のことが少しずつ見え始めたボクは，日常的な出来事にさえも不安を抱き，自分はやっていけるのかしらと臆病になります．でも，かならずそばにおじいちゃんがいて，手を握りながら「だいじょうぶ　だいじょうぶ」とおまじないのように声をかけてくれるのです．するとボクは安心することができて，いろんな経験を重ねていきます．やがて「世の中，そんなにわるいことばかりじゃないんだ」ということがわかってくるというお話しです．
　子育てをしている最中の親御さんは，このボクのような存在だと思うのです．赤ちゃんを授かり，嬉しさでいっぱいの時期を過ぎるころに，子育てのいろいろな不安が芽生えてきます．周りの子やきょうだいと比べてみると，どうも不安といったことが日常的に起きてきます．ですから，そのときにそばにいて「だいじょうぶ　だいじょうぶ」と声をかけてくれるおじいちゃんのような存在が必要なのだと思うのです．
　しかし，「だいじょうぶと言われたって不安です」あるいは「どのようにだいじょうぶなの？」と言いたくなるのが親御さんの本音でしょう．
　本書では，日常の子育てで「あらっ」と気になる出来事を取り上げて，1ページごとにわかりやすい挿絵とともに解説してあります．そして何に着目すればよいのかというチェック項目が載せてあります．こうした具体的でわかりやすい情報は，日常的な出来事で不安になりがちな親御さんに大きな安心感を与えてくれるでしょう．本書が，子育てに不安になりがちな親御さんにとって「だいじょうぶ　だいじょうぶ」と語りかけるおじいちゃんのような存在になることを願っています．
　また，本書をきっかけとして医療機関や相談機関を利用し，診断がつくということもあると思います．そうしたきっかけになることも本書の願いの一つです．そしてたとえ診断がついても「だいじょうぶ」ということもお伝えしたいのです．かかりつけ医や住んでいる市町村の保健師，あるいは専門の教育相談や福祉相談機関など，多くのサポーターがいます．安心して大いに活用してください．きっと前向きな気持ちになり，積極的に子どもと関わることができるようになると思います．
　絵本の最後は，大きくなったボクが，年をとって病気で臥せているおじいちゃんの手を握り「だいじょうぶ　だいじょうぶ」と声をかけるシーンで終わります．本書を読んで安心感を得た親御さんが，今度はだれかに「だいじょうぶ」と言ってあげられるようになるといいな，と思っています．

2012年9月<br>
鳥取大学地域学部　教授<br>
鳥取大学附属小学校　校長<br>
小枝達也

# 本書の活用方法について

　本書は，保護者が子育てのなかで遭遇する「何でだろう」「心配だなあ」「理解できない」といった子どもに向ける感情が，ネガティブな方向に向かってしまい，子育てしにくさに発展しないようにするための，いわば"攻略本"です。
　構成として，
　1．こんな場面はありませんか？
　2．家庭でできる取り組み
　3．相談を利用するタイミング
となっています。
　まずは，子どもの気になる姿に対する「なぜ？」を読み解いていきます。子どものできない／やらない姿には3つが考えられます。
①できない〜（本人の現在の実力では無理かもしれない）
②やらない〜（やりたくない／思わずいけないことをやってしまう）
③やっている／ちゃんとしているつもり〜（本人はそのつもりでやっているができない）
　子どもの気持ちや子どもの困っている感に，親が気づいてあげましょう。そして，発展途上のうまくやれない姿を，深刻にならずに受けとめてあげましょう。
　次に，そのまま放置するのではなく，親子で一緒に取り組んでいきます。key wordsは，『安心させる』『楽しさの体験』『少しずつ慣れていく』『落ち着いた環境』『経験を積んでいく』『やりとりしながら』『わかるように説明する』『橋渡ししてあげる』『拒否感を減らしていく』『気持ちを言葉にしてあげる』『励ましながら』『挑戦する』『褒めてあげる』『無理強いしない』『教えていく』『（見本を示して）まねをさせる』『気分転換する』などです。本書には，こうした親子の取り組み例をたくさん掲載しています。
　親子共々に，苦手な場面を悩んだり避けているばかりでなく，誰かに相談してみると，とても楽になることが多くあります。
　親子で取り組んでみよう！と前向きになった時の"ワンポイントアドバイス"は，魔法のように誰にでも効いたりします。親として，子として，自分に自信がもて，充実した生活を送ることができるでしょう。
　すると，今まで嫌だったり，避けていた場面でも，主体的にかかわろうとする原動力をうみ，できないことや嫌なものを，逆に，上から目線で楽しく眺めることができるかもしれません。
　賢い子育てでいきましょう。「賢い」とは，あたたかい心と冷たい頭のことです。子ど

もを前に，愛情と気持ちを込めるだけのがむしゃらな子育てだけではなく，戦略的で効果的なハウツーを用いてみましょう．

　子どもの年齢や気になる場面に応じて，該当するところを読み，保護者や子どもの性格・特徴，生活環境等に応じて，できることから少しずつ試してみて下さい．

橋本創一

# 「育てにくさ」について

＜保護者の皆様へ＞

　生まれてくる子どもを「こんなふうに育てたい」「こんな親子になりたい」という親の思いがあります．その思いは親だからこそ芽生えるものであり，子どもへの深い愛情の始まりでもあります．中には，初めての子育てに「大丈夫かしら」と期待と不安とが入り交っている方もいらっしゃるでしょう．

　どんな状況であれ，この世に生を享けた子どもたちは親の助けをかりて大きく成長していきます．子どもが百人いれば百通りの個性があり，決して同じではありません．ときには親の思い通りにいかない場面が出てきます．そのときに「子育ての仕方が間違っているのか」とご自分を責めたり，「うまくいかないのは子どものせいだ」と考えかわいく感じられなくなったり，「子どもってこんなものだから仕方ない」とあきらめてしまうことがあるかもしれません．大家族だった時代には，振り向けば側に誰かがいてサポートしてくれ，親としての悩みを取り除いてくれたものですが，核家族化した現代では一人で抱え込んでしまうことになりがちです．

　「わが子には，自分らしく生きてほしい」というのが，皆様の願いではないでしょうか．皆様の感じた「育てにくさ」は，大切なお子さんからの一つのメッセージかもしれません．大人たちが全力で「育てにくさ」に向き合うことで，お子さんの心地よい生活が保障できるかもしれません．

　そこで，保護者の皆様が「育てにくい」と感じたときには，気軽に相談していただきたいと思います．その際，「自分の子育ての何がどのようにうまくいっていないのか」と言葉で説明することが難しかったら，この本の項目のうちで当てはまるもの，あるいは似ているものを探してみてください．そして，この本を持参してかかりつけの小児科医やお住まいの地区の保健師に相談して下さい．この本は「育てにくさ」に対する，ちょっとしたコツを紹介しています．相談に行くか迷ったら，まずはご家庭で試してみて下さい．どうしたらよいか考えがまとまるかもしれません．大いにご活用いただきたいと思います．

＜関係者の皆様へ＞

　母子保健活動の主要な役割は，現在，発達障害や虐待について早期からの支援につながる早期発見を行うことです．私たちは乳幼児健診や日々の診療の中で，その役割を果たすべく努力しておりますが，短時間の関わりの中で問題を発見することは必ずしも容

易ではありません．

　「育てにくさ」は，子どもの個性と保護者の個性の相互作用で表れてきます．私が再認識したことは，「育てにくさ」に気づくのは，子どものことを最も理解している保護者に他ならないということであり，加えて，最終的に子どもに合った支援を実践するのもまた保護者であるということです．保護者から相談される「育てにくさ」は，親子が発信するさまざまなサインかもしれず，相談ではそのサインを受け止め，子育てに寄り添っていくことが，私たちに求められている母子保健活動ではないかと考えます．

　この本をご活用いただき，子どもごとに異なる「育てにくさ」に一つひとつ丁寧に向き合っていただくことで，保護者が「あのときにああしておけば良かった」「間違った子育てをしてしまったのでは」という思いをしないようになることを祈念しています．

秋山千枝子

## 目次…育てにくさをもつ子どもたちのホームケア

推薦の序 ─────────────────────────────── ii
監修の序 ─────────────────────────────── iii
本書の活用方法について ─────────────────── iv
「育てにくさ」について ─────────────────── vi
執筆者一覧 ───────────────────────────── xii

### 6〜12ヶ月頃　　　　　　　　　　　　　　　1

【コミュニケーション】
❶おとなしすぎる ──────────────────────── 1
❷ずっと泣いている ────────────────────── 2
❸何をしても泣きやまず，何で泣くのかわからない ─ 3
❹視線が合いにくい ────────────────────── 4

【行動と遊び】
❺あまり泣かない・笑わない ────────────── 5
❻要求が極端に少ない ──────────────────── 6
❼抱っこをせがまない ──────────────────── 7
❽後追いしない ────────────────────────── 8
❾抱いた時しっかりしがみついてこない ────── 9
❿表情が極端に乏しい ──────────────────── 10
⓫ひとり遊びばかりする ────────────────── 11

【睡眠】
⓬いつも寝てばかりいる ────────────────── 12
⓭親に関係なく，一人ですぐ寝てしまう ────── 13
⓮ひどい夜泣きがある ──────────────────── 14
⓯ちっとも寝ない（睡眠時間が短い，細切れにしか寝ない）─ 15

【運動】
⓰寝返りの仕方が異常 ──────────────────── 16
⓱座位がいつまでも不安定である ────────── 17
⓲おもちゃを持たない ──────────────────── 18
⓳ハイハイの仕方がおかしい ────────────── 19

### 1〜2歳頃　　　　　　　　　　　　　　　　20

【コミュニケーション】
⓴人見知りがない，またはひどい ──────────── 20

# contents

㉑母親べったりで父親になつかない―――――――――――21
㉒親の行動や言葉をまねるのが苦手――――――――――22
㉓コマーシャルの言葉ばかり言う―――――――――――23
㉔指差しをしない―――――――――――――――――24
㉕親が見ている方向，指差された方を見ない―――――――25
㉖言葉の理解が悪いようである――――――――――――26
㉗名前を読んでも知らん顔をする―――――――――――27
㉘耳が聞こえないのか心配――――――――――――――28
㉙言葉の発達が遅い――――――――――――――――29

【行動と遊び】
㉚人より物に興味を示す―――――――――――――――30
㉛人への興味が持続しない――――――――――――――31
㉜外で迷子になってしまう――――――――――――――32
㉝ひとり遊びが好き，遊びに介入されるのを嫌がる―――――33
㉞ビデオ等の機械の操作が上手―――――――――――――34
㉟好きなビデオを一日中ずっと見ている――――――――――35
㊱不安が強い―――――――――――――――――――36
㊲物を一列に並べたり，積んだりして遊ぶ―――――――――37
㊳偏った興味，決め事がある――――――――――――――38
㊴物を何でも回す――――――――――――――――――39
㊵キャラクター・乗り物への執着（極端なこだわり）がある――40
㊶極端に落ち着きがない―――――――――――――――41

【睡眠】
㊷夜中に起きることが多い―――――――――――――――42
㊸寝つきが極端に悪い――――――――――――――――43
㊹夜泣きがひどい―――――――――――――――――――44

【運動】
㊺つま先立ちを長くする―――――――――――――――45
㊻歩き方がいつまでもぎこちない――――――――――――46

## 2〜3歳頃　　　　　　　　　　　　　　　47

【コミュニケーション】
㊼自分の思い通りにいかないとすごく怒る――――――――47
㊽言い聞かせてもわからないことが多い―――――――――48
㊾人の言うことを聞かない―――――――――――――――49
㊿手遊び歌に関心がない――――――――――――――――50
㉛言葉の発達が遅い―――――――――――――――――51

ix

【行動と遊び】
㊷特定のものを異常なほど怖がる──────────────52
㊸慣れない建物には怖がって入れない──────────53
㊹初めてのもの，場所を怖がる────────────────54
㊺妙に神経質である──────────────────────────55
㊻ごっこ遊びをしない────────────────────────56
㊼独特なごっこ遊びをする（相手のいない自分一人だけの世界で遊ぶ）───57
㊽かんしゃく，パニックを起こすことが多い──────58

【睡眠】
㊾夜中に起きることが多い────────────────────59
㉖寝つきが極端に悪い────────────────────────60
㉗夜泣きがひどい────────────────────────────61

【運動】
㉘ジャンプができない────────────────────────62
㉙階段を上がれない──────────────────────────63
㉚利き手が定まらない────────────────────────64

【身辺処理】
㉛トイレに行くのを拒否する──────────────────65
㉜ひどい偏食が出てきた──────────────────────66
㉝しつけができない（言い聞かせてもダメ）──────67
㉞食事に極端に時間がかかる──────────────────68

# 3〜4歳頃　　　　　　　　　　　　　　　69

【コミュニケーション】
㉟ひとり言ばかり言う────────────────────────69
㊱おうむ返しの言葉が多い────────────────────70
㊲自分でつくった言葉（造語）を話して喜んでいる──71
㊳言葉の発達が遅い──────────────────────────72

【行動と遊び】
㊴友達に興味がない──────────────────────────73
㊵決まった友達とばかりしつこく遊びたがる──────74
㊶子どもを怖がる────────────────────────────75
㊷一人で遊んでいることが多い────────────────76
㊸集団に参加することを嫌がる────────────────77
㊹人ごみを極端に嫌う────────────────────────78
㊺奇妙な癖や動作がある──────────────────────79
㊻失敗を極端に恐れて行動しない──────────────80

x

contents

㊁気分の変化が大きく，気が散りやすい―――――――――――――――81
㊂順番が待てない――――――――――――――――――――――――82
㊃いつでも一番でないとダメで怒る（勝ち負けにこだわる）―――――83
㊄数字やアルファベットが好きで覚える――――――――――――――84
㊅多動（座っていられず動いている）―――――――――――――――85
㊆攻撃的な行動が多い――――――――――――――――――――――86
【睡眠】
㊇眠りが浅くすぐ起きる―――――――――――――――――――――87
㊈寝つきが悪い―――――――――――――――――――――――――88
㊉夜泣きがひどい――――――――――――――――――――――――89
【運動】
㊊丸が書けない――――――――――――――――――――――――――90
㊋発音が極端に不明瞭―――――――――――――――――――――――91
㊌吃音がみられる（言葉の出だしがうまくできない）―――――――――92
㊍手先が不器用―――――――――――――――――――――――――――93
【身辺処理】
㊎同じ服しか着ようとしない――――――――――――――――――――94
㊏靴下をはかせても必ず脱いでしまう――――――――――――――――95
㊐ウンチをパンツの中でしかしない―――――――――――――――――96
㊑偏食がなおらない――――――――――――――――――――――――97
㊒食べ物を見た目で判断して食べない――――――――――――――――98
㊓服や手が汚れるのを極端に嫌がる―――――――――――――――――99

本書の「相談を利用するタイミング」では，相談をしてほしい場合の相談先を大きく以下の4つに分けて記載しています．

　　**かかりつけ医**⇒ふだんかかっている小児科
　　**地域の保健師**⇒保健所や保健センター，自治体の児童家庭課など
　　**専門病院**⇒小児神経科もしくは小児神経専門医などがいる施設
　　**療育機関**⇒小児科医，各種療法士，ケースワーカーなどがいる地域の療育
　　　　　　　　センターや児童相談機関

xi

# 執筆者一覧

■ **監修者**

小枝達也　　鳥取大学地域学部地域教育学科 教授／鳥取大学附属小学校 校長

■ **編集者**

秋山千枝子　あきやま子どもクリニック 院長
橋本創一　　東京学芸大学教育実践研究支援センター 教授
堀口寿広　　国立精神・神経医療研究センター精神保健研究所 社会精神保健研究部
　　　　　　家族・地域研究室 室長

■ **分担執筆者**（五十音順，肩書き省略）

秋山千枝子　あきやま子どもクリニック
大塚ゆり子　斎藤小児科医院
京林由季子　岡山県立大学保健福祉学部保健福祉学科
小枝達也　　鳥取大学地域学部地域教育学科／鳥取大学付属小学校
斉藤敦子　　三鷹市健康福祉部健康推進課
佐藤典子　　三鷹市立野崎保育園
杉山　静　　三鷹市健康福祉部健康推進課
田口禎子　　東京学芸大学教育学部
田中里実　　清瀬市立中学校
田中信子　　三鷹市立中央保育園
田村麻里子　茨城県立中央病院継続看護支援室
堂山亞希　　東京学芸大学連合学校教育学研究科
橋本創一　　東京学芸大学教育実践研究支援センター
帆足暁子　　ほあし子どものこころクリニック
細川かおり　東京福祉大学社会福祉学部保育児童学科
堀口寿広　　国立精神・神経医療研究センター精神保健研究所
松尾彩子　　永山メンタルクリニック

6～12ヶ月 ●コミュニケーション

# 1　おとなしすぎる

斉藤敦子

### 🐤 こんな場面はありませんか？

・大人の姿が見えなくなっても，周囲を見回して探すなどの行動がみられない
・動かずに座ったまま一人で黙々と遊ぶことが多い

周囲からの刺激が少なくなり，人への関心が乏しくなることが多くなります．

### 🐤 家庭でできる取り組み

親子で一緒に遊ぶなど，人と関わる楽しい経験を増やしていきましょう．また，子どもが集う場所に出かけて，親子でいろいろな体験をしていきましょう．

親子で「いないいないばあ」をして遊んでみましょう．

身体をシーツに包みゆっくりゆらす「シーツゆりかご遊び」などをしてみましょう．

### 🐤 相談を利用するタイミング

**できるかなCheck**　□泣いて要求を伝える，□好きな場所へ動き回る

　子どもの様子を見守りながら，やりとり遊びを通して，意識して関わる姿勢を持つようにしましょう．やりとり遊びを増やしても変化がみられない場合にはかかりつけ医や地域の保健師，療育機関に相談してみましょう．

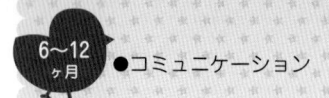

●コミュニケーション

# 2 ずっと泣いている

斉藤敦子

## こんな場面はありませんか？

・親がそばにいないと，声を出して注意をひいたり，後追い・人見知り・かんしゃくなどを起こして泣くことが多い

子どもに泣き続けられると，親も気持ちに余裕がなくなり冷静に対応できないなど，育児環境や親自身の関わり方が影響することがあります．

## 家庭でできる取り組み

スキンシップを取る機会を増やし，子どもに安心感を与えましょう．また，親自身も一時保育を利用するなど，周囲の協力を得ながら気分転換を図りましょう．

抱っこをして子守唄を歌うなどして，スキンシップをはかりましょう．

散歩に行く時も，抱っこをして出かけ，目に入ったものの名前を口にするなどして，気持ちの共有を楽しみましょう．

## 相談を利用するタイミング

**できるかなCheck** □後追い，人見知り，かんしゃくを起こすことが少なくなる

子どもの体調や日常生活の様子，生活リズムなどを観察し，安心して過ごせるような環境整備を図りましょう．

また，親自身も子どもの関わり方など育児について学ぶ講座に参加したり，親の気持ちや休息方法などを地域の保健師，療育機関に相談してみましょう．

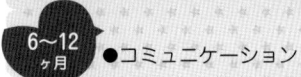

## 3 何をしても泣きやまず，何で泣くのかわからない

斉藤敦子

###  こんな場面はありませんか？

- 「気むずかしい気質」によることが多く，夜泣きが激しいことがある
- 音などの刺激に対して過敏に反応しやすいことが多い

子どもの気質に要因があることが多く，親に対する負担が大きいため，愛着関係が築きにくいことがあります．

###  家庭でできる取り組み

安心して過ごせるよう環境調整をし，親子だけで頑張りすぎずに根気強く関わっていけるよう，他の人や専門家と協力して対応していきましょう．

保健センターなど，地域の相談機関では，子どもが他の大人に抱っこされるなど安心できる状態で，様々な相談ができます．
一人で抱え込まずに，気軽に相談する気持ちをもちましょう．

抱っこしたままあやしたり，安心できる言葉を子どもの目を見ながら話しかけましょう．

###  相談を利用するタイミング

**できるかなCheck** □泣くが原因はわかる，□泣く機会が減る，□安心して過ごせる場面が増える

子どもの行動が理解しにくいため，対応に悩み叱ったりする場面が多くなるので，早めにかかりつけ医や地域の保健師，専門病院，療育機関に相談しながら対応することが必要です．また，気質的な要因でも，年齢，育児環境や周囲からの働きかけによって変化がみられるので，地域の子育て支援を利用しながら，親子のサポート体制を相談していきましょう．

3

## 4　視線が合いにくい

佐藤典子

### こんな場面はありませんか？

・名前を呼んでも視線が合わない
・話かけても宙を見て聞いていない
・動くおもちゃや動物を目で追わない

目を合わせることで子どもの要求や感情がわかるようになります．

### 家庭でできる取り組み

日々の世話や触れ合いを通して大人との関わりが楽しいと思えるようにしましょう．ハイハイする子どもを追いかけたり，子どもの動作を大人がまねして見せましょう．

### 相談を利用するタイミング

**できるかなCheck** □名前を呼ぶと呼んだ人を見る，□大人のまねをする，□「いないいないばあ」などを喜ぶ

1歳を過ぎて，大人に対して要求の表現（手差し，指差し）がみられない場合，特定の大人と遊びを続けても変化がみられない場合には，かかりつけ医や地域の保健師に相談しましょう．

## 5 あまり泣かない・笑わない

佐藤典子

###  こんな場面はありませんか？

・抱っこしてあやしても笑わない
・おなかが空いた時以外泣くことが少ない
・一人で静かにしていることが多い

一人で静かにしていることが多く，「泣かなくて楽だから」とかまわないでいるとさらに泣かなくなってくることが多いです．

###  家庭でできる取り組み

日頃から積極的に関わりましょう．機嫌が悪いように見えなくても抱くと身体を反らして嫌がる子どもの場合は，触れ合い遊びを少しずつしましょう．

くすぐって一緒に声を出して笑いましょう．

子どもが好む触れ合い遊びをオーバーアクションでしましょう．

###  相談を利用するタイミング

**できるかなCheck**　□くすぐると声を出して笑う，□笑ったり，泣いたり，表情が豊かになる，□大人に訴えるような目で追う

大人の働きかけに対して表情を変えたり声を出すようになってこない場合や，1歳半を過ぎても表情が乏しく「パパ」「ママ」など意味のある言葉がみられない場合はかかりつけ医や地域の保健師，専門病院で相談しましょう．

●行動と遊び

# 6 要求が極端に少ない

大塚ゆり子

## こんな場面はありませんか？

- おなかが空いても泣かない
- 手を伸ばして目の前のものを取ろうとしない
- おとなしく，手がかからない

おなかが空いたりうんちをしても泣くことが少なく，寝ぐずったり甘えの訴えも少ない，手がかからない子と思われていることが多いです。

## 家庭でできる取り組み

子どもの笑顔には笑顔で応え，泣いている理由を推察して話しかけながらお世話をしたり，一緒に遊んだり，情緒的なコミュニケーションを積み重ねていきましょう。

言葉がわかるわけではありませんが，目を見て話しかけ何が起きているのか伝え，気持ちがよくなった感覚を共有しましょう。

子どもの不快な気持ちが母親（大人）に伝わったことにより，大人の手で不快が解消されて，気持ちがよくなった体験をたくさんさせましょう。

子どもは何でも母親（大人）から学び取ります。やりとりがうまくいかない，楽しくないものであれば子どもは要求しなくなります。

## 相談を利用するタイミング

**できるかなCheck** □保護者の顔を見ると目を合わせ笑ったり声を出し手足をばたつかせたりする．□一緒に遊ぶと喜ぶ．□怖い思いをすると泣いて保護者を求める

子どもへの声かけやスキンシップを意識して増やし，子どもの日常生活の過ごし方，表情や身体の動きをよく見てみましょう。子どもの興味や関心が広がらないようなら，子育て広場などで遊びに参加させましょう。子どもの無関心が気になってイライラする場合は，かかりつけ医，地域の保健師に相談しましょう。

●行動と遊び

# 7 抱っこをせがまない

大塚ゆり子

###  こんな場面はありませんか？

- 他人が近づいてきても保護者に抱っこをせがまない
- 保護者が手を広げ抱っこを促しても手を伸ばしてこない

　不安な時や甘えたい時に赤ちゃんは抱っこをせがみますが，せがむことがない子どもがいます．抱き上げると嫌がったりもします．

###  家庭でできる取り組み

　抱っこされる感触に慣れさせ，子どもが抱っこから安心や楽しみが感じられるように，日常的にスキンシップを心がけ，抱っこで遊んだりお散歩したりしましょう．

子どもの不快な気持ちが母親（大人）に伝わり，大人の手で不快が解消されて気持ちよくなったといった経験をたくさんさせましょう．

子どもと目を合わせ，歌いながらやさしく左右にゆらします．一緒に楽しんで抱っこの楽しい感覚を共有しましょう．

子どもと目を合わせ，歌いながら上下に軽く揺らします．

「キレイなお花だね いい香りがするよ」
子どもと目を合わせたくさん話しかけ，同じものを見て共感し，抱っこでの気持ちのよい感覚を体験させましょう．

###  相談を利用するタイミング

**できるかなCheck** □保護者の顔を触ってきたり保護者にしがみついたりする．□疲れたり怖い思いをすると抱っこをせがむ

　アイコンタクトや情緒的なコミュニケーションはとれているでしょうか？　1歳頃になっても抱っこをせがまず，抱きあげると嫌がる様子があれば地域の保健師やかかりつけ医に相談してみましょう．

# 8 後追いしない

杉山　静

### 🐥 こんな場面はありませんか？

・保護者がいなくなっても自分の好きなおもちゃに夢中でひとり遊びを続けるなど，後を追わず，平気である

・保護者がいなくなったことに気づかず，また保護者が戻ってきた時の反応も薄い

　人への関心が薄く，自分のペースで遊ぶことが多く，人との愛着関係が育ちにくくなります。

### 🐥 家庭でできる取り組み

　保護者との関わりが楽しいものであることを体験させ，身近な人との愛着関係を育てるようにしていきましょう。

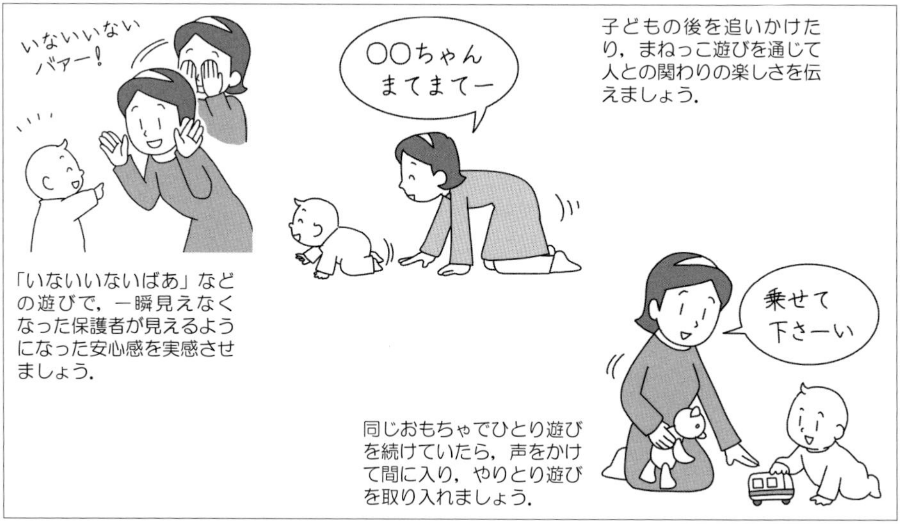

「いないいないばあ」などの遊びで，一瞬見えなくなった保護者が見えるようになった安心感を実感させましょう．

子どもの後を追いかけたり，まねっこ遊びを通じて人との関わりの楽しさを伝えましょう．

同じおもちゃでひとり遊びを続けていたら，声をかけて間に入り，やりとり遊びを取り入れましょう．

### 🐥 相談を利用するタイミング

**できるかなCheck**　□保護者が戻ってきた時に安心した表情を見せる，□保護者以外の人には人見知りをする

　変化がみられない場合は，保護者等特定の大人とのやりとり遊びを繰り返し行い，愛着関係や人への関心が広がっているかを吟味します．人への関心が少ない場合には，かかりつけ医や地域の保健師の相談を受けましょう．

## 9 抱いた時しっかりしがみついてこない

大塚ゆり子

 **こんな場面はありませんか？**

- 身体を反るなどして抱っこを嫌がる
- 抱っこをした時にしがみつかない，保護者の顔を触ったり，よじ登ったりしない

抱き上げても抱っこを嫌がったり，保護者に興味を示さず，しがみついたり，顔を触ってきたり，よじ登ったりしてきません．

 **家庭でできる取り組み**

抱っこの時の姿勢や物をつかむ手の動きに気になることはないか確認しましょう．くすぐり遊び，抱っこでの遊びなどで肌の接触に慣れさせ，楽しさを子どもと共有しましょう．

母親が子どもの不快をキャッチしてそれを解消し微笑むことで，子どもとの信頼関係が生まれます．すると子どもが母親を求める「しがみつく」「後を追う」といった行動が盛んになってきます．

首がすわり，腰もすわってくる時期ですが，まだまだこの頃の子どもの身体の力は不十分です．ロールクッションにまたがって遊ぶことで，姿勢を維持する力，クッションを握る力が育ちます．

子どもと目を合わせ，子どもの「アーウー」の声に答えながら，やさしく左右に揺らします．スキンシップやアイコンタクトを一緒に楽しみましょう．

 **相談を利用するタイミング**

**できるかなCheck** □抱っこをすると保護者の服をつかむ，□顔を触る，よじのぼってくる

やりとり遊びの中でアイコンタクトや情緒的なコミュニケーションがとれているか確認していきましょう．抱っこの時の姿勢や物をつかむ時の様子が気になるようなら早めにかかりつけ医に相談しましょう．9～10ヶ月健診時に相談するのもよいでしょう．

●行動と遊び

# 10　表情が極端に乏しい

大塚ゆり子

### 🐤 こんな場面はありませんか？

- あやしても笑わない
- 保護者を見つけてもうれしそうな顔をしない
- 知らない人が近づいたり大きな音がしても表情を変えない

笑いかけても笑わない，表情を変えずおもちゃで遊んだり，怖い思いをしても泣かなかったりするので，おとなしい手のかからない子と思われていることがあります．

### 🐤 家庭でできる取り組み

子どもと感情を共有しましょう．しっかり目を合わせ，「おなかが空いたね」「うんちが出たね，気持ち悪かったね」などと語りかけながらお世話をしましょう．

母親（大人）が子どもの不快をキャッチして解消し微笑みかけ，子どもの笑顔を引き出しましょう．愛着形成により，子どもの母親に気持ちを伝える力が育ちます．

あやして一緒に笑い楽しい気持ちを共有しましょう．

母親（大人）が無表情だと子どもも無表情になってしまいます．

### 🐤 相談を利用するタイミング

**できるかなCheck**　□場面に合った表情をうかべる，□保護者の表情をうかがうような仕草がある

情緒的なコミュニケーションが育ちにくいようなら，子育て広場などで遊びに参加させましょう．これらを試みても表情にまったく変化がなく，心配な時は，かかりつけ医や地域の保健師に相談しましょう．

●行動と遊び

# 11　ひとり遊びばかりする

大塚ゆり子

 **こんな場面はありませんか？**

- 自分の好きなおもちゃや本で一人で夢中に遊び，保護者が関わろうとすると拒む
- 他の子の遊びに興味がない

　好きなおもちゃ，本，DVDに夢中になっていることをが多く，保護者が関わろうとしたり中断させようとすることを嫌がります．

 **家庭でできる取り組み**

　ひとり遊びが上手な子どももいますが，子どもの興味が広がっていくように，近くで楽しそうな遊びを見せたり，やりとり遊びに誘ってみましょう．

ひとり遊びが上手な子どもがいます．自由に遊ばせてあげるのも大切ですが，静かだからとほうっておかず，隣で楽しそうに違う遊びをして違う遊びに誘ってみましょう．

子どもの好む遊びを一緒に楽しんでみましょう．大人と一緒により楽しく遊べることがわかると，遊びが拡がっていきます．

指を差して同じものを見て遊びましょう．発見の喜びを共有することで子どもの好奇心が育ちます．

決まったDVDを見せておけば静かだからとほうっておかず，一緒に見てみましょう．一緒に見ながら話しかけ楽しさを共有しましょう．繰り返し長い時間になるのはよくないですね．

 **相談を利用するタイミング**

　**できるかなCheck**　□ 「いないいないばあ」や「くすぐり遊び」など，人と関わる遊びを喜ぶ

　保護者と関わる遊びで子どもが楽しさを体験できているか，子どもの興味が広がっているか確認していきましょう．興味のある遊びが広がらない子は子育て広場などで遊びに参加させると同時に，かかりつけ医に相談しましょう．

6〜12ヶ月 ●睡眠

# 12 いつも寝てばかりいる

大塚ゆり子

## こんな場面はありませんか？

・昼と夜の睡眠の違いがなく，昼間も寝て過ごすことが多い
・散歩に出かけてもいつも眠ってしまう

　この頃には昼と夜の睡眠の違いができてきますが，昼間でも寝て過ごすことが多く感情の訴えや遊びの要求が少ない子がいます．手のかからない子ととらえられていることも少なくありません．

## 家庭でできる取り組み

　手がかからないからとほうっておかず，話しかけて身体に触れたり，一緒に遊んだりと子どもに刺激を与え，赤ちゃんの感覚を発達させ興味を広げていきましょう．

おなかが空いて不快→泣く→母親（大人）が子どもの気持ちに気づく→おっぱいをもらえる→満足する．このようなやりとりの繰り返しで子どもが周囲に働きかける力が育っていきます．

話しかけながら子どもの身体をマッサージしてみましょう．子どもの感覚が育ち，周囲と関わることへの興味につながります．

子どもの好きな遊びを一緒に楽しみましょう．子どもの遊び方を優先し大人は上手に遊ばれましょう．

6ヶ月を過ぎた子どもは夜にまとめて睡眠がとれるようになります．昼間は眠っているからとほうっておかず適当な時間に声をかけて起こしましょう．

夜は暗く静かな環境で十分な睡眠をとりましょう．昼間は明るいところで過ごし外の空気に触れたり太陽の陽を浴びたりして生活リズムを整えましょう．

## 相談を利用するタイミング

　できるかなCheck　□昼間は起きてよく遊ぶ，□ぐずったり声を出したりして様々な要求をする，□昼夜逆転していない

　視力や聴力が気になる時は早めに眼科，耳鼻科に相談しましょう．昼間は睡眠を尊重しすぎず一緒に遊んで，子どもの反応や興味の広がりを確認していきましょう．子育て広場などで遊ばせて子どもの好奇心を育てましょう．

●睡眠

# 13 親に関係なく，一人ですぐ寝てしまう

大塚ゆり子

##  こんな場面はありませんか？

- 気がつくと寝ているということが多い
- 寝る時間や寝る場所が一定しない

寝ぐずったり保護者に抱っこを求めたりすることなく一人で寝てしまうことが多いです．遊んでいたと思ったら寝てしまっていることが多く，寝る時間・寝る場所が一定していません．

##  家庭でできる取り組み

哺乳・食事，遊び，睡眠の生活リズムを整え，子守歌を歌ったり，背中をトントンしながら寝かしつけてみましょう．安心して心地よく寝つける感覚を子どもと共有しましょう．

決まった時間に寝かしつけられるのを嫌がる子には，ブランケットのような決まった眠りのアイテムを見せて，「ねんねの時間よ，ねんねしましょうね」と睡眠に誘いましょう．これから寝るんだと予測が立ちやすくなります．

寝かしつける時は，少しの間添い寝をしたり，子守唄を歌いながら背中をトントンして，子どもを十分に安心させ落ち着いた気分にさせましょう．

遊びからの切り替えができず遊びながら眠ってしまうといった「行き倒れ寝」はなくなるといいですね．

## 相談を利用するタイミング

**できるかなCheck** □寝る時間・場所が決まっている，□寝る前に落ち着くための保護者との関わりがある

添い寝や子守歌といった保護者との関わりで子どもは落ち着き安心し寝つくことができるので，ある程度決まった時間・場所で毎日眠ることができます．極端に寝つきの悪い時はかかりつけ医や地域の保健師に相談してみましょう．

 ●睡眠

# 14　ひどい夜泣きがある

杉山　静

### 🐣 こんな場面はありませんか？

・いったん眠った子どもが理由もなく目を覚まし，火がついたように大泣きしたら，何をやっても泣き止まない
・体調や昼間の活動量に関わらず，夜泣きが毎晩のように続く

　成長とともにおさまっていくことがほとんどですが，中には，音等の刺激に対して過敏なタイプの子どももいます。

### 🐣 家庭でできる取り組み

　子どもが泣いたら，まず温かく受けとめましょう。安心感が得られると，子どもは次第に落ち着いてきます。

保護者の鼓動が子どもに伝わるように，密着面積を大きく抱っこしましょう。背中をやさしくトントンしたり，ゆらゆら抱っこもいいですよ。

保護者の焦りが伝わると泣き続けやすいため，保護者は気負わずに気分転換を図りましょう。

### 🐣 相談を利用するタイミング

**できるかなCheck**　□夜泣きの強さや頻度が減ってくる

　抱っこなどを工夫しても変化がみられない場合は，生活リズムや昼間の活動を見直します。
　保護者の疲れやストレスがたまる場合には，一時保育なども考えましょう。
　夜泣きの強さや頻度が変わらず，幼児期になっても続く場合には，かかりつけ医，地域の保健師，睡眠に関する小児科専門医で相談を受けましょう。

## 15 ちっとも寝ない（睡眠時間が短い，細切れにしか寝ない）

杉山　静

### こんな場面はありませんか？

・寝つきにくく，ようやく寝かしつけてもすぐに起きてしまい，細切れにしか寝ない

寝つけずにぐずる子どももいれば，寝なくても平気で遊んでいる子どももいます．また，周囲の人が起きていて落ち着かないなどの理由で眠りにくい場合もあります．

### 家庭でできる取り組み

眠る直前の強い刺激を避けるなど，眠りにくい要因を減らしたり，家族全体で生活を見直し，安心して眠れる環境を整えましょう．

決まった時間に寝かせ，決まった時間に起こす習慣をつけ，睡眠リズムを整えましょう．

外気浴や散歩など，昼間はよく遊ばせましょう．疲れて眠りやすくなりますよ．

子どもが安心して眠れるようにお気に入りの毛布を用意したり，読み聞かせなどの入眠儀式をつくりましょう．

### 相談を利用するタイミング

**できるかなCheck**　□睡眠時間がまとまってくる

ぐっすり眠りにくい要因をさぐり，できるだけ取り除きます．

対応を重ねても変化がみられず，幼児期まで続く場合には，かかりつけ医，地域の保健師，睡眠に関する小児科専門医に相談しましょう．睡眠不足により保護者の疲労やストレスも強くなるため，休息をとれるよう一時保育なども考え相談しましょう．

# 16 寝返りの仕方が異常

秋山千枝子

### 🐣 こんな場面はありませんか？

- 6ヶ月を過ぎたのに寝返りをしようとせず，横向きにしてもすぐに仰向けになってしまう
- 寝返りが片方しかできない

6ヶ月を過ぎたのに寝返りをしない子，横向きまでしかできない子，一方向しか寝返りをしない子，すぐに仰向けになってしまう子がいます．

### 🐣 家庭でできる取り組み

うつ伏せで遊ぶ姿勢に慣れさせてあげましょう．また，1日に数回，大人が手を添えて，仰向けから腹ばいへ，腹ばいから仰向けにさせてみましょう．

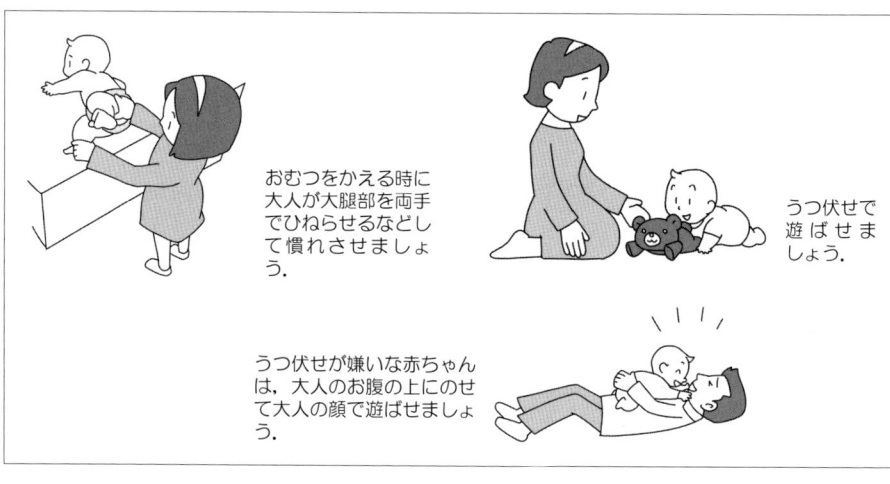

おむつをかえる時に大人が大腿部を両手でひねらせるなどして慣れさせましょう．

うつ伏せで遊ばせましょう．

うつ伏せが嫌いな赤ちゃんは，大人のお腹の上にのせて大人の顔で遊ばせましょう．

### 🐣 相談を利用するタイミング

**できるかなCheck** □うつ伏せにしても泣かない，□ずりばいができる

ずりばいやよつばいができるようになって，寝返りができるようになることもあります．10ヶ月でまだずりばいができない時，1歳でよつばいができない時は，かかりつけ医に相談してみましょう．赤ちゃん体操を教えてもらったり，全体的な発達のチェックをしてもらいます．

# 17 座位がいつまでも不安定である

秋山千枝子

##  こんな場面はありませんか？

- 両手で身体を支えられず前に倒れる
- 身体が硬くて床に両手がつかずお座わりの姿勢がとれない
- 座った状態から倒れてしまう

身体が柔らかく両手で支えられず前に崩れてしまう子や，身体が固くて両手が床につきにくく支えられない子がいます．

##  家庭でできる取り組み

タオルやクッションを使ってお座りの姿勢を助けてあげます．また，後ろへ倒れて頭や身体を怪我しないように保護してあげましょう．

【前に倒れてしまう場合】
腹部にタオルなどを入れ，倒れにくくした状態で，前方におもちゃをおきバランス感覚を覚えさせましょう．

【後ろに倒れる場合】
倒れにくくするために，後ろにクッションを2つ折りにするなどして座らせたり，大人が後ろで支えてあげます．

##  相談を利用するタイミング

**できるかなCheck** □両手で体を支えて数秒座る，□座位の姿勢でおもちゃをもつことができる

7ヶ月過ぎても両手を床についてお座りの姿勢ができない時や，10ヶ月を過ぎてもお座りから倒れてしまい一人で座っていられない時にはかかりつけ医，地域の保健師，療育機関に相談しましょう．足の動きや体の硬さ，軟らかさなどをみてもらいましょう．

●運動

# 18 おもちゃを持たない

秋山千枝子

## 🐥 こんな場面はありませんか？

- おもちゃに手を出さない
- おもちゃを持とうとしない
- 手に持ったものを口に運んでなめたりして遊ばない

6ヶ月頃は手に持ったものは何でも口へ運んで確かめるようになりますが、物に興味や関心を示さない子がいます。関連して、人に興味や関心を示さない子もいます。

## 🐥 家庭でできる取り組み

子ども自身が触られたりすることが苦手ではないことを確かめ、大人が手を添えて一緒におもちゃを持つなどします。

くすぐり遊びなどをして、人と遊ぶことが楽しいという思いを感じることができるようにしましょう。

おもちゃは大人が子どもの手を取り一緒に持ってあげ、遊ぶようにしましょう。

## 🐥 相談を利用するタイミング

**できるかなCheck** □赤ちゃんせんべいなどを自分でもって食べる

抱っこされたり、触られたりするのを嫌ったり、食べ物を持たず、自分で食べようとしない時はかかりつけ医や地域の保健師に相談してみましょう。様々な感覚遊びの紹介をしてもらいましょう。また、おもちゃで遊べるようになるまで相談を続けてください。

# 19 ハイハイの仕方がおかしい

秋山千枝子

 **こんな場面はありませんか？**

・膝をつかないたかばいをしている
・よつばいの形はとるが，左右どちらかを使わないため対称ではない
・座った姿勢で，お尻でいざって動く

移動の方歩としてハイハイはするけれども仕方に特徴がみられる子のことです．その他に，後ろに下がるハイハイをする子，うつ伏せになることを嫌がる子がいます．

 **家庭でできる取り組み**

ハイハイの形を直そうとするのではなく，次のステップである膝立ちやつかまり立ちの姿勢を促していきます．

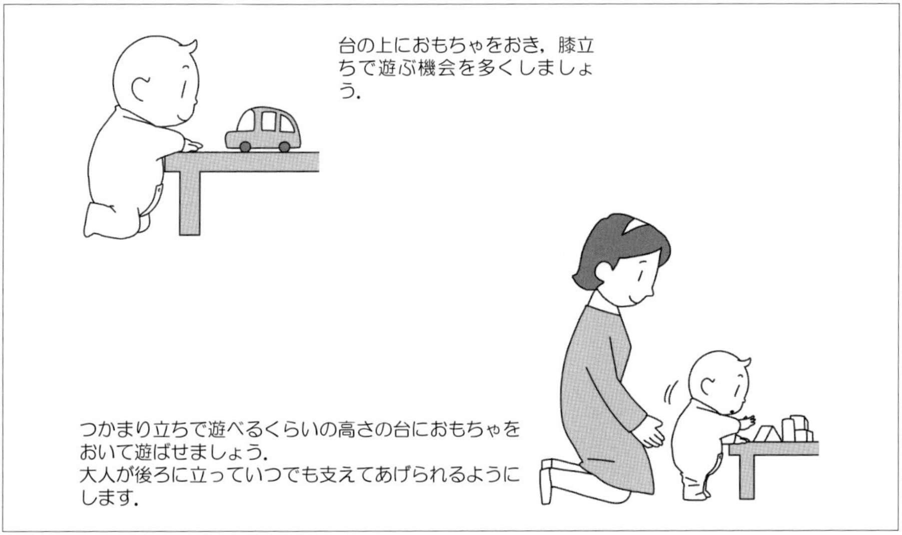

台の上におもちゃをおき，膝立ちで遊ぶ機会を多くしましょう．

つかまり立ちで遊べるくらいの高さの台におもちゃをおいて遊ばせましょう．
大人が後ろに立っていつでも支えてあげられるようにします．

 **相談を利用するタイミング**

**できるかなCheck** □ひざ立ちができる，□つかまり立ちができる

つたい歩きをした時に足の動きが左右で違ったり，1歳をすぎてもつかまり立ちをしないなど，足を床につきたがなければかかりつけ医，療育機関に相談しましょう．足の動きをチェックしてもらうとともに，全体的な発達をみてもらうことができます．

 ●コミュニケーション

# 20　人見知りがない，またはひどい

帆足暁子

 **こんな場面はありませんか？**

- 知らない人が近づいてきて抱っこをしても，ニコニコしている
- 母親以外の人が近づこうとすると火がついたように泣き叫ぶ

　自分を守ってくれる安心できる特別な人がしっかりつくれないと，誰でも平気だったり，逆に不安を強く表現する子どもがいます．

 **家庭でできる取り組み**

　一緒に楽しく遊んだり，泣いたりぐずったりした時に優しくなだめたり，応答的に身の回りの世話をしましょう．

目を合わせながら「おいしいね〜」と食事を食べさせたり，「きれいきれいね」とおむつを変えてあげたりして，子どもにとっての特別な人になりましょう．

子どもの好きな遊びを一緒にして「一緒は楽しい」体験をつくりましょう．

泣いた時にゆったりと抱きかかえて安心させてあげましょう．

 **相談を利用するタイミング**

　**できるかな Check**　□知らない人が近づいてくると泣く，□最初は泣いていても母親がいれば大丈夫，□親と良く目が合うようになる

　子どもとの愛着関係ができてきたかをみます．取り組みを1ヶ月やってみても，子どもの行動に変化がみられなければ，かかりつけ医，地域の保健師，療育機関の相談を受けましょう．

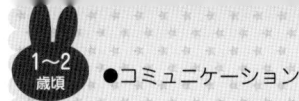 ●コミュニケーション

# 21 母親にべったりで父親になつかない

帆足暁子

###  こんな場面はありませんか？

- 母親の姿が見えなくなると，父親がいても泣き出してしまう
- 父親が抱っこをしようとすると大泣きをして，嫌がる

　家族であっても，母親以外の人に心を開くことが難しい不安の強い時期や，不安の強い子どもがいます．

###  家庭でできる取り組み

　母親の遊びとは違う，ダイナミックで楽しい遊びを父親としたり，短時間から子どものペースで父親といても安心できることを体験してみましょう．

「タカイタカイ」や「シーツ遊び」などダイナミックな遊びを父親がして思い切り楽しみましょう．

父親にも安心感がもてるように母親と仲良く一緒に子どもの世話をします．

父親と二人で留守番をして二人でいても安心できる体験をつくりましょう．

###  相談を利用するタイミング

**できるかなCheck**　□父親の少しの抱っこなら大丈夫になる，□父親をからかおうとする

　1歳半〜2歳台は分離不安の強い時期です．母親に執着することもありますが，それでも少しずつ父親との関わりが増えていくかをみます．関係が変わらなかったり，生活に支障が出るくらい拒否が強ければ，かかりつけ医や地域の保健師に相談しましょう．

●コミュニケーション

## 22 親の行動や言葉をまねるのが苦手

帆足暁子

###  こんな場面はありませんか？

- お客さんが帰る時に母親が「バイバイ」をしてもまねをしない
- 「ワンワンよ」と指差しをして教えても何も言わない

人への関心が薄いために，他の人の行動や言葉を取り込むことがゆっくりな子どもがいます．

###  家庭でできる取り組み

子どもと目を合わせながら，大人に関心をもってもらい，簡単で楽しい遊びや子どもが関心を持ちそうなものに指差しをしながら，共有できるようにしましょう．

子どもと「ちょうだい」「どうぞ」「ありがとう」のやりとり遊びをする．

目を見て楽しみながら簡単な模倣の「バイバイ」や「いないいないばあ」をしてあやしてみます．

絵本を一緒に見ながら「ワンワンね」と指差しをして教えて，言葉のまねができるようにみていきます．

### 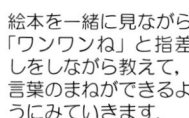 相談を利用するタイミング

**できるかなCheck** □指差しが出てくる，□一緒の物を見る，□やりとり遊びができる，□一緒に笑い合える

1歳を過ぎて，さらに1ヶ月上記の取り組みをやってみても変化がなかった場合には，かかりつけ医や療育機関に相談しましょう．

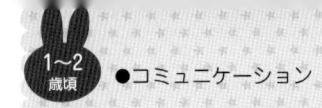

## 23 コマーシャルの言葉ばかり言う

秋山千枝子

### 🐰 こんな場面はありませんか？

- 問いかけには答えず，自分勝手にコマーシャルの言葉ばかり声に出して遊ぶ
- 意味のある言葉が少ないように見える

1歳前後から大人の口まねで声を出しはじめ，単語を話すようになります．他の単語（意味のある言葉）が出ずに，コマーシャルの言葉ばかりを言う子がいます．

### 🐰 家庭でできる取り組み

他の言葉が増えるように，子どものコミュニケーションの方法（指差し，発声，言葉）を確認しながら，子どもの気持ちを代弁してあげます．

（ブーブーだねー）

（ワンワンだねー）

子どもが指差ししたものを親（大人）も同じく指差して，子どもの行動に共感しているという思いを伝えます．

さらに，その名前を言葉に出して気持ちを代弁しましょう．

子どもが指差しをした時，指を差した先の人や物の名前を言って，子どもの言葉を増やしていきます．

### 🐰 相談を利用するタイミング

**できるかなCheck** □「マンマ」や「アー」など要求の発声がある，□名詞の単語が出てくる

コマーシャルの言葉だけで自発語がない場合や，おうむ返ししかなく会話が成立しないときはすみやかに地域の保健師や療育機関に相談しましょう．周囲の人に対する意識があるかどうかなどの対人関係についてみてもらえます．

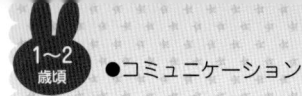

## 24 指差しをしない

秋山千枝子

### こんな場面はありませんか？

- 欲しいものを指差しで意思表示しない
- 大人の手をつかんで知らせる
- 「ワンワンどれ？」と聞いても指差ししない

　欲しいものがある時に指を差す代わりにその場で泣くなど別の方法で知らせる子がいます．大人が指を差した時に同じ方向を見るなどして応じることをしない子がいます．

### 家庭でできる取り組み

　同じ物を見て共感したり，欲しいものを選ばせることで要求を引き出したり，指示がわかったら褒めて意欲を育てるようにします．

親（大人）が見たものを指差しで教え，言葉にだして伝えましょう．

80cmくらいのほどよい距離をおいて「どっち？」と聞き，2つのものから子どもに選ばせます．

自分の欲しいものを手をのばして取らせます→指差しにつながります．

絵本などを見せて，「ワンワンね」と親（大人）が指差しで伝えます．「ワンワンは？」と聞いて，指差しができたらオーバーに褒めてあげましょう．

### 相談を利用するタイミング

**できるかなCheck** □自分の欲しいものを指差す，□大人を「アー」と発生で叫ぶ

　1歳半を過ぎても指差しがなく，また言葉が出ていない時は，言葉の遅れが心配ですので地域の保健師や療育機関に相談しましょう．また，2歳を過ぎても絵本の指差しができず，大人の言っていることがわかっていない時も同じく相談しましょう．マイペースのために指示通りにできないなどをチェックしてもらえます．

## 25 親が見ている方向，指差された方を見ない

秋山千枝子

### 🐰 こんな場面はありませんか？

- 大人が「あっ，ワンワン！」と指差してもそちらを見ない
- 一緒に楽しむことができず，自分の好きなものだけを見ている

　保護者の働きかけに反応せず，関心を示さず，共感しない子，対人関係が苦手と感じられる子がいます．

### 🐰 家庭でできる取り組み

　大人と一緒にいることを楽しみます．抱っこ，くすぐり，タカイタカイなどの遊びから，そばにいることに気づかせ，大人の様子を見たり，大人の動きが気になるようにします．

　くすぐり遊びなどをしている時，急にやめたりして，「もっと」という要求を出させます．このような試みを続けると，大人の動きに注視するようになります．

### 🐰 相談を利用するタイミング

**できるかなCheck**　□もっと遊びたいとせがむ，□指差しをする

　大人と遊ぶよりも一人で遊ぶことを好み，大人が一緒に遊ぼうとすると逆に怒ってしまうなど，子どもと関わることが難しい時は，かかりつけ医や地域の保健師に相談しましょう．対人関係の発達をチェックしてもらうとよいでしょう．

●コミュニケーション

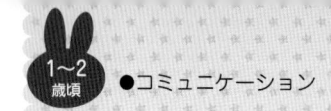

# 26 言葉の理解が悪いようである

秋山千枝子

## こんな場面はありませんか？

- 1歳過ぎて「コップ，とって」「ポイしてきて」などの簡単なお手伝いができない
- 「おいで」「ちょうだい」などができない

1歳を過ぎると生活の流れがわかり，簡単な指示に従って行動できるようになりますが，なかなか指示通りに行動できない場合を差します．

## 家庭でできる取り組み

毎日同じ生活の流れをつくることで，「ごはんよ」など，状況と言葉を一致させたり，「ちょうだい」などはジェスチャーを使ったりしてみます．

起床　トイレ　着替え　食事

"起床→トイレ→着替え→食事" といった毎日の生活において，同じ流れをつくりましょう．
この時「次はお着替えしましょうね」などと予告するといいでしょう．

言葉の理解が悪いようなら，ジェスチャーで伝えるようにしましょう．
ゴミは「ポイ捨て」の動作を見せて，子ども自身がポイ捨てできるように誘導しましょう．

## 相談を利用するタイミング

**できるかなCheck**　□「ちょうだい」のジェスチャーでくれる．□「おいで」のジェスチャーで来る

1歳台は，気が向けばやるけれど気が向かなければやらない時期です．しかし，2歳をすぎても大人が言っていることをやってくれない場合は，かかりつけ医や地域の保健師に相談しましょう．言葉の発達と一緒にチェックしてもらいましょう．

●コミュニケーション

## 27　名前を呼んでも知らん顔する

秋山千枝子

### 🐰 こんな場面はありませんか？

・子どもが夢中で遊んでいる時や，子どもの背後から呼んだ時に反応しない
・繰り返し呼ばないと反応しない

　1歳前の子どもは，後ろからそっと近づいて名前をささやくだけで反応します．名前を呼んでも反応がないという状況には様々なものがあります．

### 🐰 家庭でできる取り組み

　名前以外のテレビの音などが聞こえているか観察します．名前を呼ぶ時は子どもの正面から視線を合わせて声をかけたり，肩を叩いて大人に気づかせて名前を呼びます．

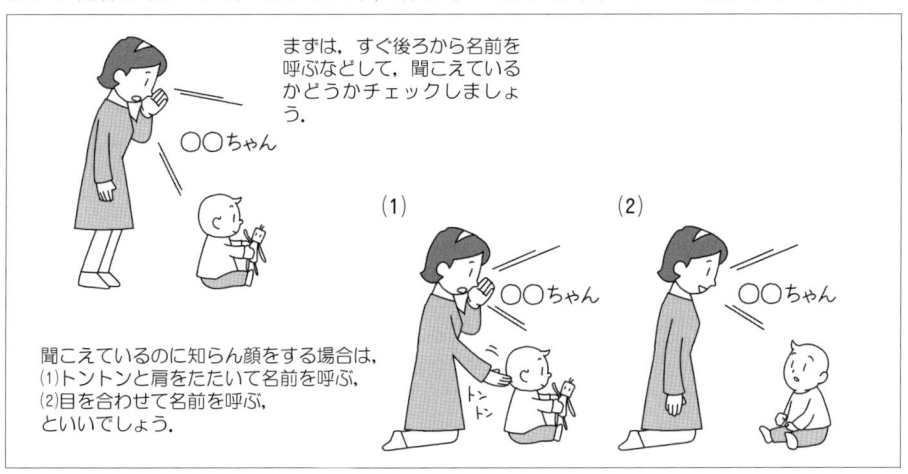

まずは，すぐ後ろから名前を呼ぶなどして，聞こえているかどうかチェックしましょう．
〇〇ちゃん

聞こえているのに知らん顔をする場合は，
(1)トントンと肩をたたいて名前を呼ぶ，
(2)目を合わせて名前を呼ぶ，
といいでしょう．

(1) 〇〇ちゃん
(2) 〇〇ちゃん

### 🐰 相談を利用するタイミング

**できるかなCheck**　□聞こえている，□「〜とって」の簡単な指示ができる

　音が聞こえにくいようであれば，耳鼻科で相談してみましょう．1歳半までに名前を呼ばれても反応しなかったり，2歳になっても「ポイして」「ママに持って行って」などの大人の簡単なお手伝いができない時（指示が入らない時）はかかりつけ医や地域の保健師に相談しましょう．

## 28 耳が聞こえないのか心配

秋山千枝子

### こんな場面はありませんか？

- 繰り返し問いかけても返事をしない
- 大きな音がしても平気
- テレビにくっつくようにして見ている

聞こえの問題がある子，人に関心がなくて呼びかけに反応せず聞こえていないように感じられる子がいます．

### 家庭でできる取り組み

まず，耳垢がたまってないか，耳鼻科でみてもらいましょう．人への関心がない場合は，やりとり遊びなどで人と遊ぶことが楽しいことを教えてあげましょう．

まずは，耳垢のチェックをしましょう．耳垢がつまって聞こえにくくなっている可能性もあります．

耳垢がたまっていたら，耳そうじをしましょう．奥に固まっている場合などは，耳鼻科で取ってもらいましょう．

いくよー

周囲に関心がない場合は，ボールのやりとりをしながら声をかけてみましょう．

### 相談を利用するタイミング

**できるかなCheck** □聞こえている，□やりとり遊びができる

耳鼻科で聞こえの問題がなく，2歳までに人とのやりとり遊びができない時，または言葉の数が少ない時は，小児科で発達の状態をみてもらいましょう．

# 29 言葉の発達が遅い

秋山千枝子

## こんな場面はありませんか？

- （1歳で）「マンマ」の単語や口まねをしない
- （1歳半で）「パパ、ママ、ワンワン、ニャンニャン、ブーブー」などの名詞が出ていない

指示の理解ができず言葉が遅い子，指示の理解はできるが言葉が遅い子がいます．

## 家庭でできる取り組み

言葉がわからない時は，大人がやってみせたり手をとって一緒にやってみましょう．また，大人の言っていることがわかる時はお手伝いをたくさんしてもらいましょう．

指示理解ができていない時は，「ポイして」をやって見せてから実際に「ポイして」をやらせましょう．

指示理解ができている時は，まずは「クツとって」などと指示を出して，「クツ」をとって来なければ，「クツ」を指差して「クツ」を教えます．

## 相談を利用するタイミング

**できるかなCheck** □名詞をいくつか話す，□簡単な指示ができる

2歳になっても名詞が20個以上出ない，大人の言っている簡単なお手伝いができない場合，おうむ返しや自分勝手な言葉がある時は，かかりつけ医，地域の保健師，療育機関に相談してみましょう．

## 30 人より物に興味を示す

堀口寿広

### こんな場面はありませんか？

- おもちゃを見せると近寄ってくるが，視線は物に向けられていて人には関心を示さない
- 名前を呼ばれても振り向かない

自分（人）には関心がないように感じられて心配になるけれど，顔をのぞきこむと目が合ったように見えるので「気むずかしいだけだ」と言い聞かせて様子を見ていませんか．

### 家庭でできる取り組み

物には興味を示すということをうまく使って，世界には物だけではなく人も存在していることを学ばせます．どの子も練習するものですが，根気強く取り組む必要があります．

子どもの名前を呼んで注目させてから手渡ししましょう．

仲間がたくさんある＝物の名前は，特徴が似ているものに共通して使われるということを学べるよう，子どもの興味を広げていきましょう．

子どもが自由に使えるようにするよりも，大人を介して手に入れるようにしましょう．

### 相談を利用するタイミング

**できるかなCheck** □目の動きが安定して人に向けられる，□後ろから名前を呼んだ時にこちらを向く，□欲しいものがある時に人に向かって意思表示をすることができる

日常生活で，聞こえの心配があれば，耳鼻科で相談しましょう．1歳半健診までに大人が教えた名前を使って物の名前を言わない場合は，健診で相談しましょう．取り組みを1ヶ月続けて変化がないと感じたらかかりつけ医，地域の保健師に相談しましょう．2歳を過ぎて友達と物のやりとりができない時は地域の保健師や専門病院に相談しましょう．

## 31 人への興味が持続しない

堀口寿広

### こんな場面はありませんか？

- 名前を呼んでもおもちゃを見せても反応しない
- 近寄ってくるがおもちゃを勝手に持っていく
- 視線が合っていないように感じられる

初めての場所で緊張している，何回も呼べば来るから大丈夫と考えながらも，物を持っている人よりも持っている物に興味があるように感じられることはありませんか．

### 家庭でできる取り組み

遊びは子どもにとって楽しいものですが，他者が関わるともっと楽しくなるのだということを経験させて，周囲に対する関心を広げるよう積極的に関わっていきましょう．

- 子どものしている遊びに参加して積極的に関わってみましょう．
- 子どものしていることを動作に合わせて効果音で（オーバーに）演出してみましょう．
- 地域で開かれている親子サークルなどに参加して，同世代の子どもに興味をもつよう働きかけましょう．
- まず大人同士で物のやりとりを見せて（第1段階：①，②），次に本人を加えてやりとりします（③，④）．この三角リレーを繰り返してみましょう．

### 相談を利用するタイミング

**できるかなCheck** □視線を人に向け固定することができる，□大人が指を差した方向を見る，□大人からの「ちょうだい」に応える，□欲しいものがある時「ちょうだい」と言える

取り組みを1ヶ月続けても変化がみられない時，家庭以外の慣れた場所でも同じ様子に感じられる時は地域の保健師に相談しましょう．聞こえの心配を感じた場合は耳鼻科で，1歳半健診で先生の「ちょうだい」に応えられない場合，2歳をすぎて自分から「ちょうだい」と言わない場合は，専門病院で相談しましょう．

## 32 外で迷子になってしまう

堀口寿広

### こんな場面はありませんか？

- よく迷子になる
- 手を離すといなくなって，毎回おもちゃ売り場で見つかる
- 初めての場所に行くと歩きまわり見失ってしまう

自分の足で世界が広がる楽しみと冒険してちょっと怖い気持ちが半ぶんこの時期です．自分の興味優先で動いてしまう，迷子を怖がらない，保護者を探さない子がいます．

### 家庭でできる取り組み

外出時には子どもの体格と運動能力に合わせて，背負う，肩車，カートに乗せる，手をつないで歩かせることを習慣にします．約束として守れるようにする練習です．

"この音は好き"という音を出すのもOK

これ以上離れたら声をかける，という距離を決めておきましょう．最初は手を広げた範囲（手を伸ばせば届く範囲）から始めましょう．

泣いて暴れるような時は，後ろからしずかに落ち着くまで止めておきます．

普段から「お外では，おててをつなぐ」ということを約束に入れておきましょう．

### 相談を利用するタイミング

**できるかなCheck** □後ろから名前を呼んだ時にこちらを向く，□鬼ごっこを楽しんでできる，□興味のある物を目の前にしても手をつないでいられる，□制止されてもいつまでも泣かない

具合が悪くて受診したのに病院の中を歩き回ってしまうような場合は，診察のついでに相談しましょう．迷子になっても平気でいる子，初めての場所に行くといつも動き回ってしまう子で，一通り取り組みを試しても変化が感じられない場合，また迷子を繰り返す時は，3歳児健診を待たずに，専門病院で相談しましょう．

# 33 ひとり遊びが好き，遊びに介入されるのを嫌がる

堀口寿広

## こんな場面はありませんか？

・一人で遊んでいるところへ大人や他の子どもが関わろうとすると拒む
・大人がおもちゃを見せても見ない，渡そうとすると払いのける

人見知り・場面見知りが強い，夢中になりすぎ，気難し屋さん，と考えていませんか．診察の時に泣いて暴れて，複数人で押さえなければいけないということはありませんか．

## 家庭でできる取り組み

ひとり遊びを止めさせようとするのではなく，他者が関わると遊びがもっと楽しくなるという体験を積み重ねることが肝心です．遊びの内容が偏らないよう注意しましょう．

子どものしている遊びに積極的に関わっていきましょう．

遊び道具は大人の手を介して入手させるようにしましょう．

子どものできたことを積極的に褒めて，関心を持っていることを伝えましょう．

自分でやりたがる子どもであれば，それをその子のお仕事にして，できたら「ママのお手伝いをしてくれた」と大いに褒めてあげましょう．

## 相談を利用するタイミング

**できるかなCheck** □大人が手渡した物を受け取る，□遊びに使っているものを大人が借りても怒らない，□物を何かに見立てて遊ぶ，□大人が身体を触っても怒らない

身体を触られるのを嫌がる子は，診察の際に相談しましょう．ひとり遊びの内容がいつも同じ場合，取り組みを1～2ヶ月試しても大人の働きかけに応じて遊びの動作に変化を持たせられない場合，1歳半健診を過ぎても大人が頼んだ簡単なお手伝いをしてくれない場合は，専門病院で相談しましょう．

1～2歳頃 ●行動と遊び

## 34 ビデオ等の機械の操作が上手

堀口寿広

### 🐰 こんな場面はありませんか？

- 教えていないのにテレビなどの機械を操作する
- おもちゃよりもテレビやパソコンが好きで，気がつくといつもいじっている

能力としてできることとやっていいことは別です．身近な家電製品でも子どもの生命に関わる事故が起きます．約束ができない年齢では，機械に触れさせないようにします．

### 🐰 家庭でできる取り組み

「もし，こうなったら」と考え子どもを事故から守るという観点で対策を取りましょう．大人の助けを借りるということを学ぶことは，対人関係の持ち方を学ぶ第一歩です．

- タップをふさぐための用具が市販されています（錠付あり）事故防止用．
- タイマー付タップの例
- 自分一人でやりたがる場合は「テレビはパパのもの」と宣言しましょう．大人から物を借りさせるところからやり直しましょう．
- 大人の手を使わせてボタンを押す"仕事"（役割）をもたせます．
- 大人が手を添えて必要な操作だけができるようにします．
- いずれも大人が一緒でないと使えないということを教えていきます．
- バスの降車ボタンなど，お母さんのお手伝いとして操作をしてもらい，できたら褒めていきましょう．（大人から指示されたことを実行するという流れを重視）．
- 膝の上でさせるのがベター．

### 🐰 相談を利用するタイミング

**できるかなCheck** □欲しいものがあると指差しで教える，□見たいテレビ・DVDがあるとジェスチャー・名前などで伝える，□簡単なお手伝いをしてくれる

取り組みをしてみても，ただぐずるなどして要求がすぐにはわからない場合，機械を触れられないようにしたことでかえって怒って収まらない場合は地域の保健師に相談しましょう．1歳半健診を過ぎても要求を示す時に言葉を使わない場合は，専門病院で相談しましょう．

# 35 好きなビデオを一日中ずっと見ている

1〜2歳頃 ●行動と遊び

堀口寿広

## こんな場面はありませんか？

- お気に入りのビデオを繰り返し見たがり，大人が「1回だけ」と言っても聞かない
- ビデオさえ見せれば大人しくしていられる

食事やお昼寝など生活のリズムが取れなくなっていませんか．家事ができなくなって，大人しくしているからと，ビデオに子守りをさせていませんか．

## 家庭でできる取り組み

見せるビデオを選べばよいということではありません．子どもの規則正しい生活リズムを作っていくとともに，興味の範囲を広げていくことが，この時期の大人の役割です．

見せる回数などは大人が決めて大人が守る，ということが大切です．

次に楽しいことが待っていて，子どもにとって楽しい・うれしい気持ちが続くようにしましょう．

ビデオの中の仕草をまねてビデオの世界を画面の外にひっぱり出して子どもの注意をひきましょう．

言いきかせようとがんばるのではなく，淡々と対応をします．

## 相談を利用するタイミング

**できるかなCheck** □同年代の子どものしていることに関心を示す，□他の場面で「ダメ」「おしまい」という言葉に従える，□簡単なお手伝いをしてくれる

取り組みから1ヶ月たっても変化がみられない，取り組みを始めたことでかえって暴れて収まらない，同じビデオを繰り返し観ていて他のビデオに替えると怒る，ビデオの内容をまねするような動作がみられない場合は，専門病院で相談しましょう．

## 36　不安が強い

堀口寿広

### こんな場面はありませんか？

- 初めての場所や人を怖がる
- 着ぐるみや大きなぬいぐるみ，大きな音を怖がる
- 目が覚めたとたんに激しく泣き出す

「不安」と書いていますが，「怖がる」という状態です．泣く，イヤと言う，しがみつく，無言，動かなくなるなど様々な反応で表現されます．

### 家庭でできる取り組み

どんな状況や対象を怖がるか，いつから表れているか，冷静に確認しましょう．子どもが怖がるからと過保護にならないよう，徐々に慣れさせていくことを心がけましょう．

離れたところから子どもが安心できる状態でいっしょに観察してあげましょう．

特徴の似たものなどを使うか，特徴を似せることで慣れさせましょう．

### 相談を利用するタイミング

**できるかな Check**　□初めての場所や人でも大人と一緒であれば怖くてもがまんできるようになる，□その他の「おまじない」で効果がみられる

　病院を怖がる子の場合は，一度怖がった状態をみてもらってから次回の診察で相談しましょう．取り組みを始めても突発的に強い恐怖を示す状態が続いて原因が思い当たらない場合は，その時の様子を動画に記録して小児神経専門医のいる施設で相談を受けて下さい．

# 37 物を一列に並べたり，積んだりして遊ぶ

堀口寿広

## こんな場面はありませんか？

- いつも積み木やブロックを並べる（積む）遊びで，飽きることがない
- おもちゃや他の遊びを見せても興味を示さない

1歳半頃には積むことが，2歳頃には並べることができるようになります．手の使い方がそれ以上広がらない子，並べるだけで何かに見立てて遊ばない子がいます．

## 家庭でできる取り組み

並べる（積む）動作を目的のある行為にしていくこと，手や指の複雑な使い方を身に付けていくことを目指しましょう．没頭して生活リズムが狂うということを防ぎましょう．

手遊び歌を通して手をいろいろなことに使う楽しさを教えていきましょう．（様々な手遊び歌がインターネットなどから入手できます）

（例）積み木を並べるのが大好きな子に積み木に混ぜて与えましょう．
お菓子の箱に鈴を入れてテープでとめるのでもよいでしょう．

並べるものは大人から入手させるようにしましょう．大人もとなりで同じように並べてみて，大人のやっていることに注意を向けさせてみましょう．

いつも同じ歌を歌うなどして終了を告げ，おかたづけに少しずつ参加できるようにしましょう．

## 相談を利用するタイミング

**できるかなCheck** □何かの形をまねして作ろうとした意図が感じられる，□並べている時に名前を呼ぶと反応する，□遊びに誘われると参加することができる

1ヶ月続けて変化がみられなければ地域の保健師に相談しましょう．呼びかけても反応がない，大人のすることに関心を示さない，同年齢の子どもが複数いる場面でも家と同じことをする，2歳を過ぎても見立て遊びがみられない時は専門病院に相談しましょう．

1～2歳頃 ●行動と遊び

## 38 偏った興味，決め事がある

堀口寿広

### こんな場面はありませんか？

・出かける時は同じ服でないと機嫌が悪い
・抱っこの仕方によって泣く，保護者がいつも同じ歌を歌わないと怒る

　食べ物も自分で食べられるようになって好き嫌いが出てくる時期です．ですが，好きなことがあまりにも限られていたり，がんこな決まり事があって心配になる子がいます．

### 家庭でできる取り組み

　集団生活に入る前の人間関係が限られているこの時期に，がまんの練習をさせましょう．人によって対応が異ならないよう大人が考え方を共有します．

どんなこだわりがあるのか，細かく記録していくとあとで相談する時に便利です．
1つのブームがいつまで続くのか知ることもできます．

（例）同じヨーグルトでもメーカー・銘柄が違うと食べない子どもがいます．

子どもがいつもしている仕草をまねして，いつものようにすればよいということを伝えていきましょう．

子どもの好きな事・物を示して注意を向け，気持ちを切り替えて試みましょう．注意を向けてくれたらオーバーに反応します．

### 相談を利用するタイミング

**できるかなCheck** □時にはがまんすることができる，□2歳を過ぎて「待っていてね」ができる

　他者や周囲の環境について決め事をしている場合，取り組みを1ヶ月続けて変化がみられない時はかかりつけ医，地域の保健師に相談しましょう．

## 39 物を何でも回す

堀口寿広

### こんな場面はありませんか？

- 物を本来の方法では使わず，くるくる回す
- 扇風機など回っているものに興味を示す

この時期，運動を模倣すること，道具の用途や特性を理解すること，運動の複雑化があり，遊びに表れます．回転する物に興味を示す子は，指先を上手に使う練習が必要です．

### 家庭でできる取り組み

物の正しい使用方法を根気強くやって見せましょう．保護者との手遊びなどにより，双方向のやりとりをする時間を確保し，愛着の発達を促す側面も期待できます．

大人が使い方を示してから手渡すようにします．

回す以外の手の動作で楽しめることもあるということを経験させましょう．

▶自作するのも楽しい

大人が後ろから子もの手をとって，手が動くと楽しいという体験をつませましょう．

### 相談を利用するタイミング

**子どもの様子 Check** □名前を呼ばれたら返事ができる，□家族以外の人の関わりを嫌がらない，□物をつまんだり離したりして手の指を独立させて使うことができる

取り組みを1ヶ月続けても変化がみられない場合，指先に力が入っていないように感じられる場合は，かかりつけ医，地域の保健師に相談しましょう．言葉が増えない時，2歳を過ぎてままごと遊び（単なる見立て遊びではない）がみられない時には専門病院で相談しましょう．

1〜2歳頃 ●行動と遊び

## 40 キャラクター・乗り物への執着（極端なこだわり）がある

堀口寿広

### こんな場面はありませんか？

- キャラクターがプリントされた服でないと着ようとしない
- 電車を見たがり，連れて行っても満足して帰ることができない

好き嫌いは自己主張の第一歩ですが，他のものでは代用がきかない，切り替えがきかない，言い聞かせても納得しないことで日常生活に支障が出てきている状態です．

### 家庭でできる取り組み

子どもの興味を尊重しつつ他のことに興味を広げる取り組みが求められます．また，日常生活習慣を身につける際に，こだわりをうまく取り入れることも考えましょう．

回数や時間は大人が決めましょう．

終わったら，次にはもっと楽しいことがまっているという流れを作りましょう．

あれもこれも，といったこだわりがあるときは1つできた時に大いに褒めて，本人が満足することができるように練習しましょう．

キャラクター物の場合は，一部を身に着けた時点で〇〇マンに変身できたことにして，活躍してもらいましょう．

### 相談を利用するタイミング

子どもの様子Check　□家族以外の人の関わりを嫌がらない，□こだわりのみられる場面が減ってくる，それ以外の場面でもがまんができるようになる

1ヶ月続けても変化がみられない場合，抵抗の仕方が毎回決まって激しいように感じられる場合，がまんすることができない場合は地域の保健師に相談しましょう．2歳を過ぎてままごと遊び（単なる見立て遊びではない）がみられない時には専門病院で相談しましょう．

1〜2歳頃 ●行動と遊び

## 41　極端に落ち着きがない

堀口寿広

### こんな場面はありませんか？

- 初めての場所ではじっとしていられず歩き回る
- 抱っこができない
- 気になったものがあると何でも手を出してしまう

勝手に鬼ごっこをして楽しんでいる子もいますが，徐々に興奮していき抑えが利かなくなる子や，初めから周りに関心を示さず制止すると激しく抵抗する子がいます．

### 家庭でできる取り組み

事故を未然に防ぐという視点が欠かせません．叩いても効果はないでしょう．相談を受けながら，子どもに合った，制止するタイミングと方法を編み出していきましょう．

子どもの様子をできるだけ記録しておくと，後で変化（あるいは成長）したことが確認できますし，相談する時にも役に立ちます．

毎日のおよその生活リズムを記録して，一日の中で変化があるか，落ち着く時間があるか確認しましょう．

レストランなどでは飛び出せない位置に座らせ，窓の外など注意がそれやすく刺激が入る位置から遠ざけるように工夫しましょう．

### 相談を利用するタイミング

**子どもの様子 Check**　□家族以外の人の関わりを嫌がらない，□日常生活の様々な場面でがまんができるようになる，□使える言葉の数が増えてくる

1ヶ月続けても変化がみられない時，どこか具合が悪いのではないかと心配な時，がまんすることができない場合は，かかりつけ医，地域の保健師に相談しましょう．言葉の数が増えない，視線が合いにくいと感じられる，3歳児健診で大人しくしていることができない時には専門病院で相談しましょう．

41

●睡眠

## 42 夜中に起きることが多い

細川かおり

### 🐰 こんな場面はありませんか？

・せっかく寝ついたのに夜中起きてしまう

夜まとまって眠らずに夜中に起きてしまいます．保護者は起こされるのでまとまった睡眠がとれずに疲れてしまいます．

### 🐰 家庭でできる取り組み

子どもは睡眠のリズムが整っていく途中です．睡眠のリズムが整う過程では，夜中に起きたり夜泣きをしたりするのは心配なことではありません．

睡眠のリズムを整えている途中だと理解しましょう．

お父さんにも協力してもらい，お母さんだけが起きるということがないようにしましょう．

睡眠時間は1歳では昼寝も含めて13時間くらい．1歳6ヶ月～3歳で12時間くらいです．

1歳 13時間
1歳6ヶ月～3歳 12時間

### 🐰 相談を利用するタイミング

**できるかなCheck** □夜中にほぼまとまって睡眠をとることができる

あまりに頻繁に夜中に起きて，親が疲れてしまうようなら，まずはかかりつけ医に相談しましょう．

# 43 寝つきが極端に悪い

細川かおり

## こんな場面はありませんか？

- 「寝る時間よ」と誘っても布団に入らない
- 寝かしつけようとしても寝ない

寝かしつけるのに時間がかかったり，布団に入らずにいつまでも遊ぼうとしたりします．

## 家庭でできる取り組み

子どもは睡眠のリズムを獲得していく過程にありますから，あせらずに子どもが寝つける環境を整える工夫をしていきましょう．

昼寝が2回から1回になる時期です．昼寝が長いと寝つきが悪くなりますから，回数や時間を調整してみましょう．

夜は身体を使った遊びなど，興奮する遊びは避けましょう．

寝る時間を決めるようにしましょう．

## 相談を利用するタイミング

**できるかなCheck** □決まった時間に布団に入って寝つくことができる

様々なことを工夫してみても寝つきが極端に悪く，こだわりがあるなど他の面でも気になる様子があれば，かかりつけ医に相談しましょう．

# 44　夜泣きがひどい

細川かおり

## こんな場面はありませんか？

- 子どもが夜中にぐずって泣く
- あやしたりしてもなかなかおさまらない

夜中にぐずって泣き出して，その原因がよくわからず，あやすなどしても泣き止まない状態が何日も続きます．

## 家庭でできる取り組み

睡眠のリズムを獲得する過程で夜泣きを経験することがあります．基本的にはあまり心配がありません．

親が夜泣きで起こされた！などとイライラすると，子どもにもそのイライラが伝わります．

夜泣きをする時間が決まっていたら，夢を見ているのかもしれません．（レム睡眠といいます）

何時頃夜泣きをするのか，何時に寝たか，昼間は何をしていたか記録してみましょう．何かヒントもあるかもしれません．

## 相談を利用するタイミング

**できるかなCheck**　□夜泣きをせずに眠る

睡眠のリズムを獲得する途中であると理解しましょう．あまりに夜泣きが激しく，保護者が疲れてしまうようであれば，まずはかかりつけ医に相談しましょう．

# 45 つま先立ちを長くする

田村麻里子

## 🐰 こんな場面はありませんか？

- どんな時もつま先立ちをしている
- 裸足で歩くことを家の中では嫌がる
- しゃがんで物を取ることができない

　足のうらが敏感なために何かが触れることを極端に嫌がったり，つま先で立つことを楽しんでいたりすることがあります．

## 🐰 家庭でできる取り組み

　体を使った遊びを工夫したり，足のうらに物が触れることに慣れさせたりしていきましょう．

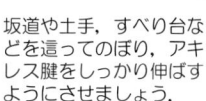

坂道や土手，すべり台などを這ってのぼり，アキレス腱をしっかり伸ばすようにさせましょう．

砂遊びなど，しゃがんでする遊びをさせ，しっかり足全体で身体をささえるようにさせましょう．

とにかく，たくさん歩かせましょう．散歩は気分転換にも最適です．

## 🐰 相談を利用するタイミング

**できるかなCheck**　□つま先立ちをすることが減る，□足のうらに物が触れることを嫌がらなくなる，□しばらくの間しゃがむことができる

　足首の動きが硬い，体全体の緊張が強いなどの場合には早めに専門病院を受診しましょう．

　寝つきが極端に悪いなど他の心配も続いている場合は，地域の保健師に相談してみましょう．

## 46 歩き方がいつまでもぎこちない

田村麻里子

### こんな場面はありませんか？

- 両手を挙げて，足も外側に向けて歩く
- 左右に大きく揺れながら歩く
- 転ぶことが多い

バランスを取るため両手を挙げてバランスを取りながら歩きます．自分でバランスを取る経験を増やすことが必要です．

### 家庭でできる取り組み

無理に歩かせようとせず，ハイハイなど自分でバランスを取って動く遊びやバランス感覚遊びをたくさんしていきましょう．

ハイハイは足腰を鍛えるよい運動になります．
親子でハイハイ追いかけっこをしてみましょう．

バランス感覚の遊びとして，親の足にのせて「タカイタカイ（飛行機）」をしてみましょう．

遊びながらバランス感覚を養うことができます．

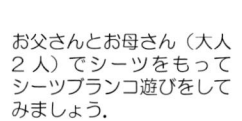

お父さんとお母さん（大人2人）でシーツをもってシーツブランコ遊びをしてみましょう．

### 相談を利用するタイミング

できるかなCheck □転びにくくなる，□しゃがんだり立ったりがスムーズにできる

大人が両手を持って無理に歩かせていないか，歩行器に長時間入れていないか，生活を見直してみましょう．自分でごはんを食べられないなど手先の不器用さもある場合，3〜4ヶ月経っても変化がない時には地域の保健師に相談してみましょう．

2～3歳頃　●コミュニケーション

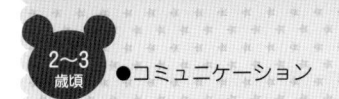

## 47　自分の思い通りにいかないとすごく怒る

田中信子

### こんな場面はありませんか？

- やりたいけどうまくできなかった時や，遊びを途中で切り上げられてしまった時などにすごく怒る
- 行動に順番が決まっている

一つの遊びに固執し同じ遊びを繰り返したり，こだわりが強くみられます．怒り出すと周りが見えなくなり，物や人に当たり散らしてしまうことが多くみられます．

### 家庭でできる取り組み

子どもの気持ちを受け止め，見通しが持てる言葉かけをしましょう．怒ってしまったら，抱っこするなどして，子どもがクールダウンできるようにしましょう．

見通しがもてる言葉かけをし，どうすればいいか伝えます．

子どもが怒っている時にも激しくいらだったり叱らないようにします．

子どもに選択権や決定権をもたせてあげる場面も作りましょう．

### 相談を利用するタイミング

**できるかなCheck** □物事の切り替えができる，□自分のしたいことやして欲しいことを言葉で表現できる，□友達と一緒に遊ぶことが楽しくなる

すごく怒ってしまった気持ちを受け止め原因を分析しましょう．成長過程による自我の芽生えや自己主張の強さなのか，その子の本来持っているものの弱さなのか見極めましょう．6ヶ月位経過しても成長が感じられない場合や，その子自身の弱さを感じる場合はかかりつけ医や地域の保健師に相談しましょう．

●コミュニケーション (2〜3歳頃)

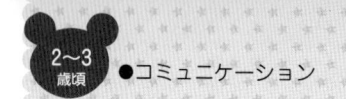

## 48 言い聞かせてもわからないことが多い

帆足暁子

### こんな場面はありませんか？

- 「ダメ」と言って注意したことを何回も繰り返しやる
- わかるように説明をしても聞いているのか聞いていないのかわからない

　人の言っていることに注意を向けられなかったり，聴覚の理解が苦手で視覚の理解の方が得意な子がいます．

### 家庭でできる取り組み

　言い聞かせたい時は，最初に注意をこちらに向けさせたり，伝える内容をわかりやすいように簡潔にしたり，視覚で確認できるように伝えます．

「おかたづけ，しようね」
できるだけ短いセンテンスで伝えるようにしましょう．

「ピンポーン！」
子どもの目を見て注意をひきつけます．これにより，親を意識できるようになります．

「公園に行こうね」
言葉だけではわかりにくいことがあるので，現物を見せながら話します．

### 相談を利用するタイミング

**できるかなCheck**　□じっと目が合うようになる，□簡単な指示がわかるようになる

　1ヶ月間工夫をして子どもに取り組んでも変化がみられない時や，工夫の仕方がわからない時には，かかりつけ医，療育機関に相談してみましょう．

2〜3歳頃 ●コミュニケーション

# 49　人の言うことを聞かない

帆足暁子

## 🐭 こんな場面はありませんか？

- 「やめなさい」と言っても「いいの」と言い張り，かえって怒り出す
- 子どものために良いことを教えようとするのに，人の話を聞かない

　子どもは大好きな人の言うことは聞こうとします．子どもとの信頼関係ができていないか，あるいは，子どもの自我が強すぎて要求ばかりを聞いてしまうと言うことを聞きません．

## 🐭 家庭でできる取り組み

　信頼関係が育つように，子どもの話をまずはゆっくり聞いて，子どもにとって大好きな人になりましょう．決して，子どもの言いなりにはならないように気をつけましょう．

怒ることが多いと，子どもは聞こうとしなくなります．一緒に楽しく遊ぶ時間を作ります．

子どもが話しかけてきた時は，たとえ何かをしている途中でも「なあに？」と聞いてあげるようにしましょう．

どんなにごねても一貫した子育てをしてきましょう．

## 🐭 相談を利用するタイミング

**できるかなCheck**　□「見て見て！」と，見てもらえると嬉しそうにする，□一貫した「ダメ」を受け入れようとする

　かんしゃくがひどすぎたり，怒らないようにしていつも話を聞くようにしているのに，子どもとの関係が良くならなければ，かかりつけ医や地域の保健師に相談してみましょう．

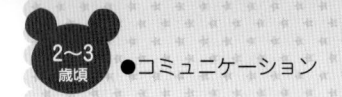

## 50 手遊び歌に関心がない

帆足暁子

### 🐭 こんな場面はありませんか？

- 児童館などで手遊び歌をした時，周りの子は楽しそうにしているのにやろうとしない
- 手遊び歌を教えようとしても手を動かさない

手遊び歌の楽しさが共有できなかったり，人に関心がなかったりすると手遊びができません．

### 🐭 家庭でできる取り組み

応答的なやりとり遊びを通して，人に関心が持てるようにしながら手遊びにつなげたり，一緒に手遊びをすると楽しいという体験をつくりましょう．

「どっちに入ってる？」
親のしていることに関心が持てるように，応答的な遊びをしましょう．

子どもが楽しそうに遊んでいる時に入って，同じことをして一緒に楽しみましょう．

子どもの注意を引いたところで，手遊び歌を楽しみましょう．

げんこつ山の　たぬきさん♪

### 🐭 相談を利用するタイミング

**できるかなCheck**　□手遊び歌が楽しめる，□大人の様子をよく見てまねをしようとする

「できるかなCheck」の様子がみられなかったり，一緒に楽しく遊べるようになっても，自分の気分次第で誘いかけになかなか応じてこなければ，一方向の繋がりと思われますので，かかりつけ医，療育機関に相談してみましょう．

2～3歳頃 ●コミュニケーション

# 51　言葉の発達が遅い

小枝達也

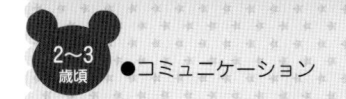

## こんな場面はありませんか？

- (2歳過ぎ) わずかな単語しかしゃべらない．あるいは何かしゃべっているが，聞き取りにくく，家族以外の人には伝わりにくい．また，目や鼻など身体の部位の指差しができない
- (もうすぐ3歳)「そと　いく」，「ジュース　ちょうだい」などの2語文が話せない
- 決まったパターンの2語文は話すが，要求を伝える言葉になっていない

このように言葉を話すのが遅いと，要求が伝わらないので，駄々をこねたり，奇声を上げたりするようになることがあります．あるいは逆にひとり遊びを好むようになることもあります．

## 家庭でできる取り組み

まずは，やりとり遊びをするとよいでしょう．言葉を言わせようとするのではなく，子どもが遊んでいる場面で，その遊びを手伝うかのように参加しましょう．

言葉を使わないやり取り遊びを通して，まねが好きな子になることが大切です．

子どもが話した言葉をそのまままねをして返してあげる，あるいはまねをしてもう一言だけ付け加えて語りかけることもおすすめです．子どもの「やったー」に対して「やったー，じょうずね」など．

## 相談を利用するタイミング

**できるかなCheck**　□目や鼻などの指差しができる，□2語文が話せる，□大きい，小さいがわかる

2歳を過ぎても聞きとれる単語が話せなかったり，ごく少数である場合，あるいは身体の部位の指差しがまったくできないといった場合には，地域の保健師やかかりつけ医に相談しましょう．3歳が近い場合には，3歳児健診で相談するとよいでしょう．その際には，あらかじめ発話の様子や言葉の理解度をまとめておくとよいでしょう．

2～3歳頃 ●行動と遊び

## 52 特定のものを異常なほど怖がる

京林由季子

### こんな場面はありませんか？

・傘を見ると怯える，換気扇の音に怯えるなど，特定の物や場所，音などを見たり聞いたりすると異常なほど怖がる

子どもなりに恐怖を感じた原因がある場合に怖がることは多くありますが，怖がるものへの注意の向け方が独特であったり，怖がり方が激しい場合があります．

### 家庭でできる取り組み

怖がるものが何をするものか絵本や図鑑を見せてお話してあげましょう．怖いものに出会った時どうするか一緒に考えましょう（目をつぶる，抱っこする，変身するなど）．

絵などを利用して，何をするものなのかをお話してあげましょう．

どうしても避けられない時は，目をつぶったりさせて見えないようにさせるといいでしょう．

### 相談を利用するタイミング

**できるかなCheck** □特定のものへの恐怖や怖がり方に変化がみられる，□目をつぶるなどすれば落ちついていられる

特定のものへの恐怖が，独特の注意の向け方や，感覚の過敏さからきている場合があります．複数のこだわりがみられたり，ごっこ遊びをしないなど遊び方に特徴がみられる場合にはかかりつけ医や地域の保健師に相談しましょう．

## 53 慣れない建物には怖がって入れない

京林由季子

### 🐭 こんな場面はありませんか？

- 家族で水族館に遊びに行ったが，非常に怖がって中に入れなかった
- いつもと違うスーパーに行ったら，激しく抵抗した

慣れない環境にどう行動してよいのかわからず不安感を抱いたり，"いつもと同じ"へのこだわりから慣れない場所に抵抗を示したりすることがあります．

### 🐭 家庭でできる取り組み

その建物の中に何があるのか，何をするところか，パンフレットや写真などで事前に説明してあげましょう．無理強いせずに小さな目標から取り組み，自信を持たせましょう．

子どもが怖がる建物の中には何があるのか，何をするところなのかをパンフレットなどで事前に説明してあげるといいでしょう．

建物の中に入らなくてもいいので，まずは建物そのものを見に行くところからはじめましょう．

### 🐭 相談を利用するタイミング

**できるかなCheck** □建物を見る，入り口に立つなど小さな目標をクリアできる，□事前にその場所について知ったり，徐々にならしていったりすれば入ることができる

怖がり方が尋常でない場合は，その状況を記録しておきましょう．複数のこだわりがみられたり，ごっこ遊びをしないなど遊び方に特徴がみられる場合にはかかりつけ医や地域の保健師に相談しましょう．

## 54　初めてのもの，場所を怖がる

京林由季子

### こんな場面はありませんか？

- 初めての場所（公園，お店，遊園地など）を怖がり，動こうとしない
- 初めての道を通ると非常に怖がる

"いつもと同じ"へのこだわりから，初めての場所に強い抵抗を示す子どもや，自信がなく失敗を恐れて初めての場所で動き出せない子どもがいます．

### 家庭でできる取り組み

事前に具体的に説明したり，大人がモデルを示して子どもの不安を軽減しましょう．自信のない子どもには，肯定的な声かけを日常生活の中で心がけましょう．

お母さん（大人）が楽しんでいる様子を見せて安心させましょう．

日常の中でも，肯定的な声がけを行いましょう．

### 相談を利用するタイミング

**できるかなCheck**　□初めての場所や物事に興味を持つ，□自分に対して肯定的になり自信がでてくる，□安心できる大人と一緒であれば，初めてのものや場所に慣れていける

怖がり方や拒否の仕方が尋常でない場合は，その状況を記録しておきましょう．この他に複数のこだわりがあったり，ごっこ遊びをしないなど遊び方に特徴がみられる場合にはかかりつけ医や地域の保健師に相談しましょう．

## 55 妙に神経質である

京林由季子

### こんな場面はありませんか？
- 部屋のドアが少しでも開いていると気になり，その度（たび）に閉めに行く
- 物が自分の思い通りの場所に置かれていないと気が済まない

物の位置や順番にこだわったり，手や服が少しでも汚れるのを嫌うなど，こだわりが強すぎる子どもや敏感すぎる子どもがいます．

### 家庭でできる取り組み

強いこだわりは，生活に支障のないこだわりやお手伝いに代えていきましょう．また，わかりやすい環境に整えて，こだわりの元となる不安を軽減しましょう．

位置のこだわりがある場合などは，ゴミ箱の下にマットを敷いたり線で囲ったりして，それ以上こだわらないようにさせましょう．

来客がある日は，写真などで，誰がいつごろ来るのかを具体的に示しましょう．

### 相談を利用するタイミング

**できるかなCheck** □相手の要求を受け入れることができる，□やりとり遊びの中で，ルールの変更を受け入れることができる

神経質になる状況や変化を記録しておきましょう．ごっこ遊びをしないなど遊び方に特徴がみられたり，人の声かけや関わりへの反応が乏しいなど人との関係に弱さがみられる場合にはかかりつけ医や地域の保健師に相談しましょう．

●行動と遊び

# 56 ごっこ遊びをしない

京林由季子

## こんな場面はありませんか？

- ブロックを積んでは倒すなど単純でパターン的な遊びに没頭する
- 友達と道具のやりとりをして遊ぶことができない

全体的な発達に幼さがみられる場合や，人への関心が希薄で自発的な模倣が乏しい場合にはごっこ遊びがみられない子どもがいます．

## 家庭でできる取り組み

大人と1対1のやりとり遊びを通して，人への関心や簡単なルールを学びましょう．また，買い物や遠足など，実際に経験していることを遊びに取り入れるとよいでしょう．

親（大人）が子どものひとり遊びに介入して，大人との遊びに広げましょう．

人形やぬいぐるみを使った「お風呂ごっこ」で実体験を再現して遊びましょう．

## 相談を利用するタイミング

**できるかなCheck** □必要な場面では，他の子どもとのやりとり遊びができる

内気な性格のため，友達の輪の中に入れずごっこ遊びに参加できない子どももいます．必要な場面では他の子どもとのやりとりができるか観察しましょう．なお，2歳半になっても簡単なごっこ遊びがみられない場合はかかりつけ医や地域の保健師に相談しましょう．

2～3歳頃 ●行動と遊び

## 57 独特なごっこ遊びをする（相手のいない自分一人だけの世界で遊ぶ）

京林由季子

### こんな場面はありませんか？

- 買い物に行った時のことを一人で再現して遊ぶ
- 電車のアナウンスやアニメのセリフを記憶しひとり言で再現して遊ぶ

　実際に経験していることやテレビの番組を一人でまねる子どもがいます．不安な状況や苦手な活動から自分を守るために没頭している場合もあります．

### 家庭でできる取り組み

　ひとり遊びにそっと近づき，一部のセリフを代わって言ったり，一部アレンジして遊びの幅を広げましょう．不安が強い場合には見通しが持てる環境を工夫しましょう．

子どもがこだわっている遊びに親（大人）も加わって，少しずつ変化させていきましょう．

### 相談を利用するタイミング

**できるかな Check**　□相手を意識した簡単なゲームに参加できる，□大人や他の子どもとやりとりや役割交代をしながら遊ぶ

　再現遊びの背景に不安な状況や苦手な活動がないか観察しましょう．2歳半になっても大人や友達とやりとりのある簡単なごっこ遊びがみられない場合はかかりつけ医や地域の保健師に相談しましょう．

2〜3歳頃 ●行動と遊び

# 58　かんしゃく，パニックを起こすことが多い

京林由季子

### 🐭 こんな場面はありませんか？

・思い通りにならないと泣いて親を手こずらせる
・思い通りにならないと床にひっくり返り大泣きをする

　この時期の子どもに当たり前にみられるものもありますが，特定の物や言葉へのこだわり，感覚の敏感さ，不安などから引き起こされるパニックもあります．

### 🐭 家庭でできる取り組み

　予定をあらかじめ予告しておくなどパニックの予防をしましょう．パニックの際は，場所を変えたり，別の物を与えたりして，一定の場所で落ち着くまで見守りましょう．

予定は具体的に伝えましょう．とくにいつもと違う場所等へ行くときはあらかじめ伝えておくことが大切です．

家の中でパニックを起こした時に，見守る場所を決めておきましょう．ソファーに寝かせてバスタオルをかけて見守る，など．

### 🐭 相談を利用するタイミング

**できるかなCheck**　□パニックになっても，自分の感情をしずめ，落ちつくことができる

　パニックのこれまでの経過を整理しておきましょう．感覚の敏感さや不安などからパニックを起こし，自分や他人を傷つけたり，全般的に落ち着きがなかったりする場合にはかかりつけ医や地域の保健師に相談しましょう．

2〜3歳頃 ●睡眠

# 59 夜中に起きることが多い

細川かおり

## 🐭 こんな場面はありませんか？

- 夜中に体を起こしたりして起きている
- 夜中に目を覚まして遊び始める

いったんは寝つくものの夜中に体を起こしていたり，起きて遊び始めるなどの様子がみられます．

## 🐭 家庭でできる取り組み

生活リズムの乱れが背景にある場合が多いので，まず生活リズムを整えましょう．生活リズムとは起床と就寝の時間が決まっており，その間に遊びなどの活動や休息が規則正しく入っていることです．

朝決まった時間に起きるようにしましょう．

午前中は体を動かして遊ぶなどたっぷり活動しましょう．

食事の時間も決めましょう．

## 🐭 相談を利用するタイミング

**できるかなCheck** □夜中に起きずに朝までぐっすり眠る

保護者が努力しても生活リズムを整えるのが難しく状況が変わらずに，あまり遊ばないなど他の面で心配なところがあるようならかかりつけ医の相談を受けましょう．

## 60 寝つきが極端に悪い

細川かおり

### こんな場面はありませんか？

・子どもを寝かせようと布団に入れてもなかなか寝ない

子どもを寝かせようと布団に入れても寝ずに，とうとう布団から出て遊び始めたりします．

### 家庭でできる取り組み

生活リズムを整えましょう．朝決まった時間に起きて，昼間は活動しましょう．食事の時間も決めましょう．

朝起きたらカーテンをあけて日光を浴びましょう．

夜に活発に遊ぶことはやめましょう．遊ぶなら朝に遊びましょう．

寝るための儀式をするのもよいでしょう（例えば，おもちゃにおやすみを言うなど）．気持ちを休みモードにしていく効果があります．

おやすみー

### 相談を利用するタイミング

**できるかなCheck** □およそ決まった時間に布団に入って寝つけるようになる

いろいろと試しても極端に寝つきが悪く，他にこだわりなど気になる行動がある場合にはかかりつけ医の相談を受けましょう．

# 61　夜泣きがひどい

細川かおり

## こんな場面はありませんか？

- 夜中に起きて泣くことが続く
- 保護者がなだめたりするがなかなか泣き止まない

　夜中に起きて泣くことが続きます．なだめたりするがなかなか泣き止まず，保護者のほうが疲れてしまうこともあります．

## 家庭でできる取り組み

　睡眠のリズムが整う過程で夜泣きがだんだんとおさまってくる時期です．原因があれば取り除き子どもを安心させてあげましょう．

昼間の興奮しすぎや嫌な体験が影響したりします．原因を取り除いたり安心させてあげましょう．

昼間親子で十分に体を動かして遊びましょう．子どものエネルギー発散や情緒の安定につながります．

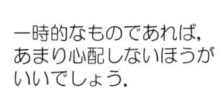

一時的なものであれば，あまり心配しないほうがいいでしょう．

## 相談を利用するタイミング

**できるかなCheck**　□夜泣きがおさまり，夜ぐっすり眠ることができる

　いろいろと工夫してみたにもかかわらず夜泣きがおさまらず，保護者も疲れてしまうようならかかりつけ医に相談しましょう．

2〜3歳頃 ●運動

# 62 ジャンプができない

田村麻里子

## こんな場面はありませんか？

・ブランコを嫌がる
・あまり歩きたがらない（すぐに抱っこをせがむ）
・やわらかいところ（トランポリンなど）を歩くのを非常に怖がる

自分でバランスを取らなくてはいけない不安定な状態を怖がったり嫌がったりします．

## 家庭でできる取り組み

たくさん体を動かして自分でバランスを取れるような遊びしていきましょう．

ブランコを嫌がる場合は，大人が抱っこしてあげることで，安心して乗ることができます．

坂道を登ったり下ったりすることで自分でバランスを取ることを覚えられるようになります．

抱っこが多く，自分で歩いたりすることが少ない場合は，楽しみながら少しずつ活動量を増やしていきましょう．

## 相談を利用するタイミング

**できるかなCheck** □小さな段差から飛び降りることができる，□かけっこができる，□踊るなどいろいろな動作ができる

活動量を増やしバランス感覚を刺激するような遊びの工夫をし，怖がることが減っているか，体を動かすことが楽しめているかみていきましょう．

しばらく様子をみていき，手先が極端に不器用，言葉が遅いなど他にも心配がある時には地域の保健師に相談してみましょう．

2～3歳頃 ●運動

# 63 階段を上がれない

田村麻里子

## こんな場面はありませんか？

・階段を怖がる
・問題なく歩けるが階段だけはハイハイする
・目の位置が気になる（写真などで黒目の位置がおかしい），首を傾けて物を見る

階段を登る時に片足立ちになることでバランスが不安定になるため，怖いと感じることがあります．

## 家庭でできる取り組み

遊ぶ時に，またぐ・走る・片足立ちするなどの経験を増やしていきましょう．

楽しみながら片足立ちすることに慣れさせましょう．

親（大人）が見本を見せながら，いろいろな体の動きを経験させましょう．

歩くところを意識しながら歩くことでバランスを取ったりすることができるようになります．

## 相談を利用するタイミング

**できるかなCheck** □一段一段足をそろえれば階段を登れる，□かけっこ・ジャンプができる

目について心配がある時には，早めに眼科を受診しましょう．
しばらく様子をみていき，手先が極端に不器用，言葉が遅いなど他にも心配がある時には地域の保健師に相談してみましょう．

## 64 利き手が定まらない

田村麻里子

### 🐭 こんな場面はありませんか？

・スプーンが使えない
・その時によって使う手が違う

利き手が定まることでスプーンを使ってうまくすくって食べるなど手を器用に使えるようになります。

### 🐭 家庭でできる取り組み

無理に利き手を決めて何かをやらせるのではなく，両手を使ったり，全身を使ったバランス感覚を刺激する遊びをしましょう。

傾いたり揺れたりすることで体の使い方，バランスの取り方を覚えます。

こねる，ちぎる，丸める，つまむなど手をたくさん使った遊びを経験させましょう。粘土だけでなく紙を使ってもいいです。

平衡感覚への刺激は，体の使い方を覚えるために必要です。楽しみながら遊びましょう。

### 🐭 相談を利用するタイミング

**できるかなCheck** □お絵かきを楽しむ，□言葉が増えてきている，□積み木を積むことができる

しばらく様子をみても変化がみられない場合や，利き手が定まらないだけでなく，言葉が遅い，怖がることが多いなどがあった時は地域の保健師の相談を受けましょう。

## 65 トイレに行くのを拒否する

京林由季子

### 🐭 こんな場面はありませんか？

- 「トイレに行こう」と促すと，怒って拒否する
- トイレに入っても，便器で排泄できない

　トイレの空間や便器が苦手でトイレに行くことを嫌がる場合や，オムツの中に排泄する習慣が身についてオムツからパンツへの切り替えが難しい場合があります．

### 🐭 家庭でできる取り組み

　苦手な刺激を取り除き，トイレを楽しい空間にしましょう．また，トイレで何をするかモデルや絵本で説明しましょう．日課の中でトイレに入る時間を決めておきましょう．

トイレに子どもの好きなキャラクターを置くなど，トイレを楽しい空間にしましょう．

小さなことでもどんどん褒めて，褒め上手になりましょう．

### 🐭 相談を利用するタイミング

**できるかなCheck**　□トイレに行くことを嫌がらない，□トイレで排泄できる，□排泄する前に親に伝える

　排泄の自立を無理強いすると，排泄へのこだわりを強め，親子関係のねじれが生じる場合もあります．3歳児健診時までに改善がみられない時は，地域の保健師に相談しつつ，子どもの身体発育や社会性の発達をみながら保育園などと協力しながら取り組み進めましょう．

## 66 ひどい偏食が出てきた

京林由季子

### こんな場面はありませんか？

・好き嫌いが激しい
・唐揚げとポテトしか食べないなど，極端な偏食がある

　偏食の理由には，食べづらさ，新しい食品や味になじめないなどがありますが，偏食の背景として感覚の過敏さやこだわり，鉄欠乏性貧血がある場合があります．

### 家庭でできる取り組み

　好き嫌いの観察をして調理法を工夫したり，好きな物との組み合わせで食の幅を広げましょう．子どもと一緒に野菜を作ったり，調理をして食べ物への興味を育てましょう．

様々な食材を様々な調理法で出し，子どもの好き嫌いを観察しましょう．

好きなものを組み合わせて，食の幅を広げましょう．

「好きなもの＋食べられるもの・調味料」から始め，嫌いなものはほんの少しから試しましょう．

### 相談を利用するタイミング

**できるかなCheck**　□少しずつ食べられるようになる，□皆と一緒に食事を楽しむことができる

　感覚の過敏さやこだわりが偏食以外にも日常生活面で複数みられる場合はかかりつけ医や地域の保健師に相談しましょう．また，鉄欠乏性貧血が疑われる場合は小児科を受診しましょう．

## 67 しつけができない（言い聞かせてもダメ）

京林由季子

### 🐭 こんな場面はありませんか？

・何度注意してもできない
・何度叱っても同じことを繰り返す

不十分にしか聞き取れていない，指示が入りにくいなど，指示理解に独特の問題がある子どもがいます．

### 🐭 家庭でできる取り組み

子どもが好きな遊びの中で簡単なルールが理解できるようにしましょう．日課の中で生活習慣に関する事柄について手順や指示，マナーが理解できるようにしましょう．

手遊び歌や簡単なゲームを通して，始まりと終わり，順番，交替などを学ばせましょう．

着替えなど，毎日一定の時間に繰り返されることを通して，手順や指示を理解させましょう．

（吹き出し）一番上のボタンはママといっしょに．残りの3つはボク入で

### 🐭 相談を利用するタイミング

**できるかなCheck**　□指示通りに行動できる，□叱られると反省する，□簡単なルール遊びをルールに従って楽しむことができる

不十分にしか指示が聞き取れていない様子が疑われたら，聞こえに関する専門病院に相談しましょう．また，全般的に発達がゆっくりであったり，こだわりや落ち着きのなさが極端で，しつけが難しいと感じている場合は専門病院や療育機関に相談しましょう．

●身辺処理　2〜3歳頃

## 68　食事に極端に時間がかかる

京林由季子

### こんな場面はありませんか？

・いつまでも口の中にためこんでいて食事が進まない
・食事中立ち歩いたり，食べ物で遊んだりして食事に集中できない

よく噛む習慣が身についていない場合や，気が散りやすかったり，食事のマナーが身についていない場合などがあります．

### 家庭でできる取り組み

全身運動や手遊び歌などで身体機能の発達を促しましょう．食事に集中できるように気が散りやすいものは片付けたり，食後の楽しみを作りましょう．

刺激を整理して落ちついた環境を作りましょう．

食べ終わったら，楽しい活動が待っているという流れを作りましょう．

### 相談を利用するタイミング

**できるかなCheck**　□食事に集中できる，□決められた時間内に食事をとる

歯のかみ合わせが悪く噛むことが苦手なようであれば歯科を受診しましょう．食べ方に独特のこだわりがある，食事時間以外でも極端に落ち着きがないなど気になる様子があればかかりつけ医や地域の保健師に相談しましょう．

3〜4歳頃 ●コミュニケーション

# 69 ひとり言ばかり言う

堀口寿広

## こんな場面はありませんか？

- 母親に言われているように話しながら行う
- 行為の前に意思を表明する
- 文句や感想など頭の中の言葉がそのまま出てくる

楽しそうに話している子が多く見ていて微笑ましいものですが，中には，コマーシャルの言葉など，その場に関係のない言葉を繰り返して言う子がいます．

## 家庭でできる取り組み

発音と使用方法（意味，使う場面）が合っている正しい言葉を増やしていくチャンスとして積極的に関わっていきましょう．

何をするにも同じフレーズ（CMなど）を使う場合，楽しいという感情表現のこともあるので，表現がその場の状況に合っている場合は，楽しいという気持ちを共有しましょう．

お手伝いができる子であれば，渡したものをかごに入れていく練習をしてみましょう．
興味を示さない場合は，「にんじんあげる」で渡し，「にんじんちょうだい」で返してもらうことから始めましょう．

ひとり言の内容が子どもの行動に関連している場合は，あいづちを打って相手をしてあげましょう．言葉の使い方に誤りがある場合は，復唱しながら正しい使い方を教えていきましょう．

## 相談を利用するタイミング

**できるかなCheck** □ひとり言の内容が周りに合わせたものになる，□周りに合わせて声量の調整ができる，□使える言葉の数が増えてくる

1ヶ月続けても変化がみられない場合は，かかりつけ医，地域の保健師に相談しましょう．言葉の数が増えない，視線が合いにくい場合は専門病院で相談しましょう．昨日まで大人とやり取りをして話していたのに急にひとり言だけになったり，言葉の断片だけを話すようになった場合は，急いで小児神経科，脳神経外科を受診しましょう．

## 70 おうむ返しの言葉が多い

3〜4歳頃 ●コミュニケーション

堀口寿広

### こんな場面はありませんか？

- 「おもちゃ買ってあげるね」と要求を表現する
- 何を話しかけてもまねをして言う
- 前に聞いた他者の会話を再現して話す

言葉の使い方に誤りがあれば大人が復唱しながら正しい使い方を教えます．このような働きかけでも効果がみられない子，会話が意味のあるキャッチボールにならない子がいます．

### 家庭でできる取り組み

言葉の練習を通して，二者関係，さらには三者関係を理解することを目標として積極的に関わっていきましょう．取り組みは，家族みんなで協力して実施しましょう．

おうむ返しの結果，対象関係が誤って使われている場合はその場で子どもの言うべき言葉に修正して直して返してあげましょう．

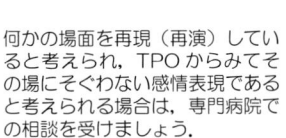

実物を1つずつ見せて名前を言い，言葉（物の名前）が母親（言葉を発した人）にではなく，物に属するものであることを根気よく伝えていきましょう．

何かの場面を再現（再演）していると考えられ，TPOからみてその場にそぐわない感情表現であると考えられる場合は，専門病院での相談を受けましょう．

### 相談を利用するタイミング

**できるかなCheck** □二者関係を理解して言葉で表現することができる，□三者関係を理解して言葉で表現することができる

何を話しかけてもまねをして返す場合は，まず地域の保健師や専門病院で相談を受けてから取り組みを始めましょう．「あげる」と「ちょうだい」を逆に使っている子で，取り組みを1ヶ月続けても変化がない，友達とおもちゃの貸し借りでけんかになるような場合は専門病院や療育機関に相談しましょう．

**3～4歳頃** ●コミュニケーション

# 71 自分でつくった言葉（造語）を話して喜んでいる

堀口寿広

## こんな場面はありませんか？

- 物の名前に子どもが考案した呼び名を用いる
- すべての物に同じ呼び名を使う
- 音の羅列で何を話しているかわからない

使える言葉の数が日々急速に増える時期です．物の名前を知りたがり，中には独自の言葉を使い続け，大人が正しい言葉を教えても置き換えることができない子がいます．

## 家庭でできる取り組み

造語よりも正しい言葉を使うとコミュニケーションが取れて楽しいと感じられるよう積極的に関わっていきましょう．取り組みは家族みんなで協力して実施しましょう．

子どもが何のことを指しているのか明らかな場合，他の単語は正しく使い分けられている場合，遊びとして言葉遊びをしている場合，構音の問題で正しく言えていない場合は，正しい発音で復唱して練習につなげてあげましょう．

本やおもちゃを選ぶ時には，対象年齢の表示にこだわらず，物の名前を覚える楽しさを身に付けましょう．「あ」のつく言葉探しやしりとりも楽しい言葉遊びです．

聞こえている時，いない時を調べて記録しておきましょう．

## 相談を利用するタイミング

**できるかなCheck** □造語以外の言葉を適切に使うことができる，□物を見た時名前を教えるよう聞いてくる，□大人が物の名前を教える時に視線を指差した先に向けることができる，□友達とのやりとりで正しい言葉に置き換わる

順調に言葉が発達していたのに，急に造語の他に話す言葉がなくなった場合は，直ちに小児神経科，脳神経外科を受診してください．1ヶ月たっても変化がなく友達とおもちゃの貸し借りでけんかになる時は専門病院や療育機関に相談しましょう．

●コミュニケーション

3～4歳頃

## 72 言葉の発達が遅い

小枝達也

### こんな場面はありませんか？

・(3歳過ぎ) 2語文（「そと，いく」，「ジュース　ちょうだい」など）が話せない．決まったパターンの2語文は話すが，要求を伝える言葉ではない．また，「大きい，小さい」や「長い，短い」の区別がわからない

・(もうすぐ4歳)「きれい，おもしろい」など様子を伝える言葉が話せない，あるいは「だれ？」，「何が？」といった問いかけに対して答えられない，もしくは答えがずれる

このように言葉の育ちが遅いと，他者とのコミュニケーションが円滑にいかないので，一方的に行動したり，要求を過剰な態度で示すようになったりします．また，友達との関わり方も時に一方的または乱暴な感じになったりしがちです．

### 家庭でできる取り組み

2語文が不十分な子は，長い言葉を聞かせても，聞きとれないことが多いので，2語文で受け答えをしてあげましょう．ゆっくりとはっきりと伝えましょう．

2～3語文は話せるが，様子を伝える言葉が少ない子には，形容詞（かたい，きれい，あかいなど）を聞かせるようにしましょう．実物を見せながら示すといっそう効果的です．

夜，寝る前の絵本の読み聞かせもよいでしょう．ストーリーのある短めの絵本を毎晩読み聞かせするのがコツです．

### 相談を利用するタイミング

**できるかなCheck**　□長い，短いの区別ができる，□簡単な会話ができる，□おいしい，きれいなど形容詞を話す

3歳児健診で発話や言葉の理解具合を相談するとよいでしょう．3歳児健診では大丈夫と言われた場合でも，言葉が遅いと感じたら，地域の保健師やかかりつけ医に相談してみましょう．

## 73 友達に興味がない

松尾彩子・橋本創一

### こんな場面はありませんか？

- 友達への関心が低く，一人で好きな遊びに没頭していることが多い
- 集団遊びにあまり興味を示さない

友達や集団に合わせようとする意識が低く，一人の世界に入ることを楽しんで，マイペースに振る舞ったりします．

### 家庭でできる取り組み

まずは大人とのやりとりを増やすことで，他者と関わることの楽しさや大切さを感じられるようにしましょう（他者との遊びを楽しむ）．

親（大人）と子どもがカードをそろえていくゲームなどを通して，一緒に遊ぶことや同じ行為をし合う楽しさを体験させましょう．

公園などで同年齢の友達がいたとき，友達に注目するよう促しましょう．答えられたら褒めましょう．

### 相談を利用するタイミング

**できるかなCheck** □友達に自分から話しかける，□みんなと同じ遊びを楽しむ

変化がみられない場合は，大人とのやりとり遊びを繰り返し行い，他者とのコミュニケーションや興味関心のある遊びが広がるように働きかけましょう．

3～6ヶ月が経過しても変化がみられない場合には，地域の保健師やかかりつけ医の相談を受けましょう．

●行動と遊び　3〜4歳頃

## 74　決まった友達とばかりしつこく遊びたがる

堂山亞希・橋本創一

### こんな場面はありませんか？

- 特定の友達につきまとい，しつこく遊びに誘ったり，近づいたりする
- 嫌がっているのに好きな友達に突然抱きついたりする
- 好きな友達が他の子どもと遊んでいても，割り込んで入っていく

興味の範囲が狭く，特定の友達に固執している状態です．初めての人や物に対して不安を抱きやすく，友達の表情や言動から相手の気持ちに気づきにくいことが原因として挙げられます．

### 家庭でできる取り組み

友達とのやりとりの言葉や遊ぶ時の基本的なルールを具体的に教えて適切に関われるようにしていきましょう．また，相手の気持ちをていねいに説明してあげましょう．

「入れて」や「遊ぼう」などのやりとりの言葉や，遊びの基本的なルール（「いいよ」と言われたら一緒に遊べる等）を具体的に教えましょう．

相手がどのように感じているか一つひとつていねいに言葉にして教え，気づかせます．

### 相談を利用するタイミング

**できるかなCheck**　□友達と適切な言葉を使って関わる，□友達の気持ちに気づく

好きな相手の子どもに配慮して，「ぼく（わたし）とあそんでくれる？」と聞いてから遊ぶように働きかけます．しつこくして，友達が嫌がっている姿がみられる場合には，その都度大人が友達と関わる時のルールを伝えていきます．

3〜6ヶ月以上，決まった友達にしつこくつきまとっている状態が続く場合には，かかりつけ医，地域の保健師の相談を受けましょう．

3～4歳頃 ●行動と遊び

# 75 子どもを怖がる

田口禎子・橋本創一

## こんな場面はありませんか？

・同じくらいの年齢の子どもが近づいてきたり話しかけて来ると，不安な表情をして避けたりする

・大勢の子どもが遊んでいる場で，大人の後ろに隠れたり，大人とだけで遊ぼうとする

同年齢の子どもとコミュニケーションをとることが苦手で，どのように友達と応対してよいかがわからず，どうしても避けてしまいます．そうした不安な気持ちが強くなり，その場から逃げ出したり，泣き出してしまいます．

## 家庭でできる取り組み

同年齢の子どもと関わる時には，大人が橋渡し役となることが有効です．本人の気持ちを代弁してあげたり，相手の子どもの意図を本人に説明してあげたりするとよいでしょう．

初めは積極的に関われなくても，大人の見守りの中で同じ遊びを行い，「楽しい」という思いを経験させるとよいでしょう．

周囲の子から好意的に受け入れられるよう，本人の思いをほかの子どもに説明するなど，トラブルに発展しないよう配慮しましょう．

## 相談を利用するタイミング

**できるかなCheck** □同年齢の子どもがいる集団の中で落ち着いて遊ぶことができる

大人が一緒に付き添って，少しずつ同年齢の子どもの遊ぶ場や集団のなかで過ごせるように促します．場の雰囲気に慣れてきたら，大人と周囲の子ども，本人が一緒に遊ぶようにします．そして，徐々に大人が退いていきましょう．変化がみられない場合や不安な表情が強くなる場合には，専門病院や療育機関で相談しましょう．

**3～4歳頃** ●行動と遊び

# 76 一人で遊んでいることが多い

松尾彩子・橋本創一

### 🗨 こんな場面はありませんか？

- 友達と同じ場所で遊んではいるが，やりとりせずにおもちゃで一人だけで遊んでいる
- 集団で遊んでいても，すぐに別の場所に行ってひとり遊びを始める

同年齢の子どもと上手に遊びのやりとりができず，つまらなくなってしまい，どうしてもひとり遊びになってしまいます．年下の子どもだとコミュニケーションが単純なので楽しく遊べます．また，年上の子どもや大人は自分に合わせて遊んでくれるので，心地よく過ごせます．

### 🗨 家庭でできる取り組み

やりとりが簡単な遊びやルールが明確なゲーム遊びに誘いましょう．友達とスムーズにやりとりができるようにサポートし，拒否感を減らして楽しく安心して遊べるようにしましょう．

ボールやおもちゃの授受を通して「貸して」「入れて」などのやりとりの仕方を具体的に教えましょう．

公園に行き，初めは1，2人の子どもと遊べるよう促します．親（大人）がそばに寄り添い，ルールや主張を整理したり，関わり方のモデルを見せましょう．

### 🗨 相談を利用するタイミング

**できるかなCheck** □同年齢の子どもと一緒に遊ぶ，□おもちゃの交換をして遊ぶ

大勢の子どもがいる遊びの場面で，どのような状況になると，ひとり遊びを始めるかをよく観察し，その時の子どもの様子を吟味します．「好きなおもちゃや遊びに没頭しているのか」「友達とは遊びたいが，うまくやりとりができないので一人になってしまうのか」のどちらなのかをみていきましょう．3～6ヶ月以上経過しても変化がみられない場合は，地域の保健師，療育機関に相談しましょう．

### 3〜4歳頃 ●行動と遊び

# 77 集団に参加することを嫌がる

松尾彩子・橋本創一

## こんな場面はありませんか？

- 集団活動の流れに乗るまでに時間がかかり，しばらく様子を見てから参加する
- 過敏さから大勢の子どもがいることを拒否する
- ルールを守って参加することを嫌がり，マイペースに活動したがる

大勢で行動する場面にはすぐに入れなかったり，その場から離れようとします．大勢の子どもの騒がしさへの過敏さや，活動にうまく参加できるかどうかの不安の強さが考えられます．また，ルールを守ったり指示に従って活動するより，マイペースに遊ぶことに興味が強い場合もあります．

## 家庭でできる取り組み

過敏さや不安の強さがみられる時は，できるだけ取り除いてあげ，安心して参加できるように励まします．最初は「見ているだけでいいよ」「そばで座っているだけでいいよ」と促していきましょう．遊びのルールになじめなかったり，思い通りにならないと嫌だと感じてしまう場合には，少しの時間だけ参加したり，大人と一緒に活動することで，集団活動の楽しさを体験させましょう．

決まったルールにこだわらず1つの遊びをルールを変更して遊ぶなどして，柔軟性をつけましょう．
初めは，親（大人）と1対1の遊びがよいでしょう．

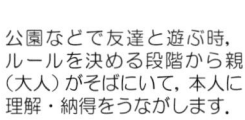

公園などで友達と遊ぶ時，ルールを決める段階から親（大人）がそばにいて，本人に理解・納得をうながします．

## 相談を利用するタイミング

**できるかなCheck** □集団の輪に入って遊ぶ，□集団の流れに沿って行動する

なぜ集団に入れないのか，どのような遊びなら参加できるかを，子どもの思いを聞き取り，極力ストレスを減らしてあげながら吟味してみましょう．集団に参加できる時間や活動の広がりをみていきます．4歳になっても改善がみられない時は，専門病院，療育機関に相談しましょう．

## 78 人ごみを極端に嫌う

田口禎子・橋本創一

### こんな場面はありませんか？

- にぎやかな場所に行くと帰りたがったり泣いたりする
- 運動会やお遊戯会など，人が大勢集まる行事が苦手

　過敏さから，外出時や園の行事で，いつもと違う雰囲気やたくさん人が集まる場にいることが苦手で，手で耳をふさいだり，泣いたり，強く拒否したりします．

### 家庭でできる取り組み

　事前にどこで何をするのかをよく説明しておき，不安感を軽減させます．初めは混んでいない時間・場所へのお出かけから，徐々に人ごみに慣れさせるとよいでしょう．

子どもがどのような理由で人ごみを嫌うのかを場面ごとに観察し，その刺激に徐々に慣れさせていくようにしましょう．

写真や図を使って事前に伝えておくことで，これから行く場所やすることに対しての見通しが立てやすくなります．

### 相談を利用するタイミング

**できるかなCheck**　□人ごみの中で落ち着いて行動できる

　音，見る物，体の接触などで，本人がどんなことを苦手としているかよく把握し，初めはその要因をなるべく取り除いてあげてください．そして，徐々に，「大丈夫だよ」と安心させながら，慣れさせていきましょう．それでも過剰な反応が続く場合には，かかりつけ医，地域の保健師の相談を受けましょう．

## 79 奇妙な癖や動作がある

松尾彩子・橋本創一

### こんな場面はありませんか?

・足裏のにおいを嗅ぐ,手をひらひらさせる,同じ場所をくるくる回るなどの奇妙な癖がある

・自分で決めた儀式的な行動が多い

体の一部を繰り返し動かしたり,本人の中で決めている動きを行い,それをすることで安心感を保っています.こだわりの強さと自分の体に刺激を与えて楽しんでいます.

### 家庭でできる取り組み

奇妙な癖や動作を違う行動に置き換えて,軽減を図ります.

癖を行っている時,さりげなく違うものを触らせたり,身体を動かしたりして注意をそらせます.

こだわりがある場合は,「あと2回だよ」など,わかりやすく声かけをし,徐々に回数を減らしていきましょう.不安が強い時に行っている場合は,子どもの気持ちを代弁したり,話を聞いてあげ,気持ちを安定させてあげましょう.

10かぞえたらやめようね

### 相談を利用するタイミング

**できるかなCheck** □奇妙な癖や動作をしてもある程度で止めることができる

奇妙な癖や動作そのものよりも,子どものこだわりの強さをみていき,軽減しているか,他の行動に変化しているかを確認します.

6ヶ月以上続けている場合や周りに迷惑をかけてしまう場合は,かかりつけ医,専門病院に相談しましょう.

3～4歳頃 ●行動と遊び

## 80　失敗を極端に恐れて行動しない

田口禎子・橋本創一

### こんな場面はありませんか？

・新しい活動や一度うまくできなかった活動には参加したがらない
・自分の思ったようにできないと途中で投げ出してしまう

　失敗や間違いに対する恐怖感が強くあり，積極的に活動に参加することができなくなってしまいます。うまくやれないといけないというこだわりの強さもあります。

### 家庭でできる取り組み

　上手にできたかどうか（勝ち負けや順位など）ではなく，本人のチャレンジする姿勢やがんばった姿を評価してあげることが求められます。

親（大人）がやり方を実際にやって見せてあげることで全体の見通しをもたせます。

どんな活動に拒否感が強いかをチェックし，その活動に取り組む際には失敗しないようさりげなく手伝ってあげることもよいでしょう。

活動に参加できたときには大いに褒め，「できた！」という体験を積ませましょう。

### 相談を利用するタイミング

できるかなCheck　□はじめての活動に抵抗なく参加できる．□失敗しても再度取り組める

　大人との競争や少人数グループでのゲームに参加する経験を通して，活動に参加することへの抵抗感を取り除き，「楽しい」「一人でできた」という体験を積み上げさせることが大切です。こうした働きかけを開始してから6ヶ月経過して変化がみられない場合には，地域の保健師，療育機関で相談しましょう。

## 81 気分の変化が大きく，気が散りやすい

田中里実・橋本創一

### こんな場面はありませんか？

- 一つの遊びが長続きせず，次々と遊びを変える
- 一つの事に取り組んでいても，おしゃべりや手遊びなどで作業が進まない

様々なものが気になって一つのことに集中できないため，一つの事をやり遂げるのが難しく，長い時間がかかります．

### 家庭でできる取り組み

気の散るような物が少ない落ち着いた環境を作り，一つの事に集中して取り組める時間を少しずつのばしていきましょう．

着替えの際は，パジャマを脱ぐ，ズボンをはく，シャツを着る，靴下をはくなど，一つひとつの行動に区切って褒めましょう．
注意がそれていたら，「次はズボンをはくよ」とタイミングよく声をかけましょう．

一つ遊ぶおもちゃを決めたら，そのほかのおもちゃは棚にしまう，別の部屋へもっていくなどして，子どもから見えない場所におきましょう．別のもので遊びたくなったら，片づけてからまた一つだけ遊ばせます

気の進まないことやすべてを終えるまで長い時間を要するものは，とくに気が散りやすくなります．飽きて注意がそれやすくなっていたら「今日はあとにんじん一つ食べたら終わりだよ」などと達成できる明確なゴールを決めて，それができたら大いに褒め，やりとげる経験を増やしましょう．

### 相談を利用するタイミング

**できるかなCheck** □10分以上一つの遊びに取り組む，□離席せず遊び食べをせずに食事をする

以前よりも集中できる時間が伸びたかどうか，完結・完成を目標に活動に取り組んでいる様子がみられるかを吟味します．

4歳になっても変化がみられない場合には，専門病院，療育機関で相談しましょう．

3〜4歳頃 ●行動と遊び

## 82　順番が待てない

田中里実・橋本創一

### 💬 こんな場面はありませんか？

・園や公園で待っている列に横入りし，注意されても譲らない
・並ぶことが出来ても自分の番まで待てず，列をはずれる

　順番ルールの理解が不十分で，関心のあることに衝動的に向かっていくために，友達とトラブルになります．ルールは理解できていても，自分本位が強く順番が守れません．

### 💬 家庭でできる取り組み

　どのくらい待てばよいかを明確に教えたり，待つことの後で楽しいことがあるという経験を積んでいき，順番を守ることに慣れていきましょう．

一緒に手をつないで列に並びます．「あと3人待つと○○くんの番だよ．あ，今1人終わったからあと2人だね」などと，どのくらい待てばよいかを明確に教えましょう．

買い物で，お菓子など子どもの好きなものを買う際は，それを持たせてレジに並びます．並んで待つことができたら「順番待ったからお菓子買えたね．えらいね！」と褒めてあげましょう．

おやつやおかずを配る際には，子どもをいつも1番にするのではなく「今日は2番目だから待っててね」等と言って，順番を待つ癖をつけましょう．1番ではなくてもきちんと自分の番がくるのだと認識させます．

### 💬 相談を利用するタイミング

**できるかなCheck**　□1列に並ぶことができる，□次の子どもに遊具を譲れる

　待つことのできる場面や待てる時間が増えたかどうか，自発的には難しくとも大人の声かけがあれば待ったり譲ったりすることができるかなど，以前との変化をみていきます．
　4歳になっても改善がみられない場合は，専門病院，療育機関で相談を受けましょう．

3～4歳頃 ●行動と遊び

## 83 いつでも一番でないとダメで怒る（勝ち負けにこだわる）

堂山亞希・橋本創一

### こんな場面はありませんか？

- じゃんけんやゲーム，かけっこなどで勝つことに強いこだわりをみせる
- 負けてしまうと，悔しくて人や物のせいにして怒る，または激しく泣く
- 負けるのが嫌で最初からゲームを拒否したり，負けそうになると途中で放棄する

　一番であること，勝つことに強いこだわりがあり，自分がそうなれなかった場合にかんしゃくを起こしたような状態になることがあります．そのため，明らかに一番になれない時は最初から参加しないこともあります．

### 家庭でできる取り組み

　ゲームには勝ち負けがあるから面白く，負けることもあることを伝え，事前に「負けるかもしれない」ことを予告します．また，一番でなかったときの悔しい気持ちを言葉にして認めてあげましょう．

「くやしかったね」
子どもの悔しい気持ちを受け止めてあげましょう．

「最後まであきらめずにがんばったね」
勝敗の結果だけでなく，子どもの態度やプロセスにも目を向けられるよう，「がんばったね」「この前より上手になったね」と子どものがんばりを評価しましょう．

### 相談を利用するタイミング

**できるかなCheck**　□1番でなくても諦められる，□負けてもすぐ気持ちを切り替えられる

　1番になれなくて悔しがるのは子どもとして普通の姿であるため，多少は怒ったり泣いたりしても，気持ちの切り替えが早くできるようになることを促していきます．
　4歳になっても改善がみられない場合は，地域の保健師や専門病院に相談しましょう．

## 84 数字やアルファベットが好きで覚える

堂山亞希・橋本創一

### こんな場面はありませんか？

・数字やアルファベットを好み，そればかりを覚える
・記号やCMに出てくる商標，フレーズ文字に対して強い興味がある

　数字やアルファベットがあまりにも好きで，他のおもちゃや友達と遊ぶことを受けつけることが少なくなってしまう，という興味関心の極端な偏りがみられます．

### 家庭でできる取り組み

　様々な体験を通して達成感や満足感を味わうことで，興味関心の幅を広げていきましょう．大人が手をとりながら励まし，様々なことに挑戦していきましょう．

様々な素材のおもちゃや遊具で遊び，いろいろな遊び方，使い方を体験させてみましょう．

気持ちを通わせたり，言葉でのやりとりを楽しみましょう．また，他者とのやりとり遊びや集団遊びが楽しいことをたくさん体験させましょう．

### 相談を利用するタイミング

できるかなCheck　□様々なおもちゃで遊ぶ，□数字やアルファベットのことばかりを話す

　様々なおもちゃに興味を持って遊べるようになっているか，大人や友達との会話で数字やアルファベットの話題ばかりを話していないかを吟味しましょう．変化がみられない場合は，大人と身体を使った遊びややりとり遊びを繰り返し行い，対人コミュニケーションの発達と情緒的な交流を促しましょう．3～6ヶ月以上経過しても興味の広がりがみられない，こだわりや言葉の遅れ，コミュニケーションの未熟さがあれば，専門病院や療育機関で相談を受けましょう．

## 85 多動（座っていられず動いている）

田中里実・橋本創一

### こんな場面はありませんか？

- じっと座っていられず，すぐにうろうろしたり飛び出したりする
- 座っていても常に身体の一部が動いており，指示が通りにくい

常に体を動かしていないといられないために落ち着かず，動き回って遊んでいることが多く，衝動的な行動に出たり，言葉での指示が通りづらいことがあります．

### 家庭でできる取り組み

衝動的な行動から生じる危険に注意すると共に，今すべきことや先の予定を明確に示して，安心して目の前の活動に取り組めるようにしましょう．

テレビを見たり座って絵を描いたりする際は，足が床につかない椅子ではなく，じかに床に座ったり子ども用の椅子に座らせ，足を床にぴったりつけて，足を動かさず落ち着いて取り組めるようにしましょう．

入浴の際は，湯船につかって手をつなぎながら歌を歌いましょう．「今日は〇〇を歌ったら出ようね」と明確に目標を設定し，伝えましょう．子どもの限界に合わせて歌の長さや速さを調節して，徐々に長くしていきましょう．

大切な話をする時は，子どもが注意を向けやすいよう，しゃがんで子どもの視線の高さに合わせ，やさしく手を握るなどして話しましょう．

### 相談を利用するタイミング

**できるかなCheck** □集中して遊ぶ，□飛び出しがなくなる，□身体を動かさず座っている

立ち歩くことなくその場に合った行動がとれているかを観察します．変化がみられない場合は，引き続き声をかけてすべきことを伝えることによって，落ち着いて活動に参加できる時間が増えているかどうかを吟味します．

4歳になっても変化がみられない場合は，専門病院や療育機関で相談を受けましょう．

●行動と遊び (3〜4歳頃)

## 86 攻撃的な行動が多い

田中里実・橋本創一

### こんな場面はありませんか？

・自分の思い通りにならないことがあると，大人や友達を叩く
・怒ったり泣いたりすると，理由を聞いても言葉で説明できない

　自分の感情をコントロールすることがうまくできなかったり，言葉で自分の思いを伝えることが苦手なために，衝動的に攻撃的な行動が出ます．

### 家庭でできる取り組み

　思いを表現する言葉を具体的に教えてあげることで，ぶったり叩いたりといった攻撃的な行動をせずに，人と関わる楽しさや思いやりの気持ちを育てていきましょう．

攻撃的な行動がみられたら「痛いからやめて」「お母さん嫌だよ」と相手がどのような気持ちになるかをはっきりと伝えましょう．

泣いたり怒ったりして興奮したら，部屋を変えて「悲しかったんだね．でももう大丈夫だよ」と優しく声をかけて気分を変えてあげましょう．

公園などで遊びに入りたそうだったり，物を使いたそうにしていたら「入れてって言うといいんだよ」「貸してって言ってみたら？」と具体的な言葉を教えてあげます．
1人では難しい場合は「お母さんと一緒に言おう」と付き添ってあげましょう．

### 相談を利用するタイミング

**できるかな Check**　□怒っても言葉で気持ちを伝えることができる，□友達に「入れて」「貸して」が言える，□泣いたり怒ったりしても1分程度で落ち着く

　攻撃的な行動が他の言葉や行動に変化しているか，「入れて」「貸して」など自分の思いを伝える言葉の使用が増えているかを吟味し，必要に応じて適切な行動や言葉のモデルを見せましょう．また周囲の子どもと仲良く遊べる姿を確認していきましょう．

　3ヶ月以上経過しても変化がみられない場合は，専門病院や療育機関で相談を受けましょう．

## 87　眠りが浅くすぐ起きる

細川かおり

### こんな場面はありませんか？

- 夜中に何度も目を覚ます
- 少しの物音で起きて遊びだす

夜中に何度も目を覚ましてしまったり，少しの物音で目が覚めてしまったりします．

### 家庭でできる取り組み

子どもが落ち着き，安心して眠ることができる環境を用意しましょう．また同じ音や出来事でも敏感に感じる子どももいますので安心させましょう．

落ち着いて眠ることができる環境を用意しましょう（暗くする，暑すぎない）．

添い寝をするなどして，眠りにつくまで側にいてやり，子どもを安心させましょう．

昼間は親子でたっぷり遊びましょう．

### 相談を利用するタイミング

**できるかなCheck** □夜ぐっすり眠ることができる

子どもが安心して寝られるような環境を整えながら様子を見ていきます．しかしあまりにも改善されない場合は，かかりつけ医の相談を受けましょう．

●睡眠　3〜4歳頃

# 88　寝つきが悪い

細川かおり

## こんな場面はありませんか？

・寝るように促しても布団に入らず遊んでいる

寝るように促しても遊んでいて布団に入りません．さらに促しても言い訳をして布団に入ろうとしないこともあります．

## 家庭でできる取り組み

まず生活リズムを整えましょう．まず朝早く，決まった時間に起きることから始めてみましょう．

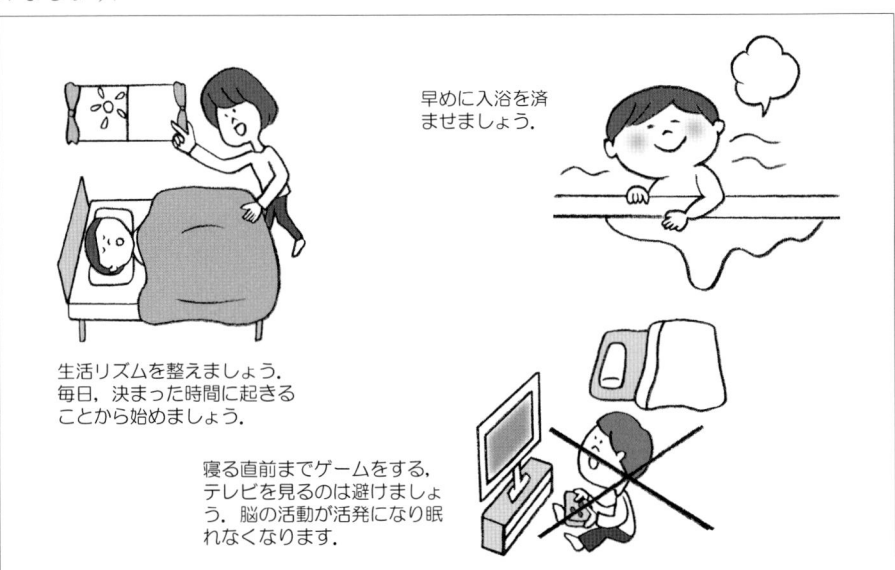

生活リズムを整えましょう．毎日，決まった時間に起きることから始めましょう．

早めに入浴を済ませましょう．

寝る直前までゲームをする，テレビを見るのは避けましょう．脳の活動が活発になり眠れなくなります．

## 相談を利用するタイミング

**できるかなCheck**　□布団に入ってからある程度の時間で眠ることができる

生活リズムを整えるための取り組みをいろいろ試してみても，寝つきの悪さに改善がみられなければ，かかりつけ医の相談を受けましょう．

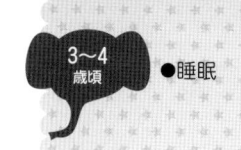

## 89 夜泣きがひどい

細川かおり

### こんな場面はありませんか？

・夜中に泣いて起きる
・夜中に奇声をあげる

夜中に泣いて起きたり，中にはかなり奇声をあげているような場合もあります．

### 家庭でできる取り組み

わかることが増えた分，子どもによって感じ方が違うため昼間の嫌な体験が影響することが出てきます．また，生活リズムが整っているか見直してみましょう．

知恵がつきわかることが増える分，嫌な体験，強く叱られたなどの昼間の出来事が原因になることもあります．まずは，子どもを安心させましょう．

保護者のイライラは子どもに伝わり，子どもが不安になる場合もあります．

生活リズムを整えましょう．1週間程度，起床，食事，遊び，昼寝，就寝などの時間のメモをとってチェックしてみましょう．

### 相談を利用するタイミング

**できるかなCheck** □夜泣きをせずに夜ぐっすり眠ることができる

夜中にかなりの奇声をあげたり，汗をかいて呼吸が速くなるような状態が1週間に数回以上続くようであれば，なんらかの病気も疑われるのでかかりつけ医や専門病院で相談を受けましょう．また，上記の取り組みを試みても変化がみられず保護者が疲れてしまった場合もかかりつけ医に相談しましょう．

3〜4歳頃 ●運動

# 90 丸が描けない

田村麻里子

## こんな場面はありませんか？

・手先が不器用
・細いものをにぎる力が弱い
・集中力・絵を描く興味がない

丸は，指先に力を入れながら手首やひじをうまく使って描くことが必要です．

## 家庭でできる取り組み

描くことに興味を持って楽しめるようにしてみましょう．

太いペン，しっかりかけるスケッチブックのような厚みがある紙にすることですれにくく書きやすくしてあげてみましょう．

点・線を描いてみる，なぞり書き，簡単な迷路など描くことが楽しいということを経験させましょう．ぐちゃぐちゃ描きでも楽しむことが大切です．

おもちゃなど動きが決まったものでなく，好きな素材で集中して遊ぶことも大切です．

## 相談を利用するタイミング

できるかなCheck　□食事でスプーンや箸をうまく使える，□ボタンかけができる

取り組みを続けながらしばらく様子をみても変化がみられない場合，言葉が遅い，集中力がないなどがあった場合は地域の保健師の相談を受けましょう．

## 91　発音が極端に不明瞭

田村麻里子

### こんな場面はありませんか？

- お話しするが何を言っているのかわかりにくい
- いつも口が開いている
- よく噛んで食べない
- 話を聞き返すことが多い

　口の動きが上手にいかないと，発音が明瞭にできない，サ行やタ行が聞き取りにくくなることがあります．

### 家庭でできる取り組み

　発音しやすい擬音語（ドーン，ジャー，バンバンなど）を使いながら楽しくお話ししましょう．

| | | |
|---|---|---|
| 同じものを見て話しすることで，子どもが言いたいことがわかりやすくなります．楽しく話できる状況をたくさんつくってあげましょう． | 子どもの言葉が聞き取りにくくても言い直しをさせるのではなく，「〜だね」と言い直してあげる，話することが楽しいと感じられるようにしましょう． | よく噛んで食べる習慣をつけましょう． |

### 相談を利用するタイミング

**できるかなCheck**　□友達と話を楽しむことができる

　耳の聞こえが悪い，いつも口をあけていて鼻が詰まっている，または睡眠時いびきがひどい，舌小帯異常等がある場合は，早めに耳鼻科，小児科を受診しましょう．
　3歳6ヶ月を過ぎても発音がはっきりしない場合は，地域の保健師に相談してみましょう．

3～4歳頃 ●運動

## 92 吃音がみられる（言葉の出だしがうまくできない）

田村麻里子

### こんな場面はありませんか？

・話し始まりの言葉が出にくい
・同じ音を繰り返してから話をする

話すことの緊張が強いと言葉の出だしがうまくいかないことがあります．

### 家庭でできる取り組み

お話しをすることや歌を歌うことが楽しいと感じられるよう，子どものペースに合わせて安心して話せるようにしていきましょう．

音に合わせて楽しく歌うことで言葉がスムーズに出やすくなります．

うまく話しをさせようと知らないうちに大人まで緊張していたりします．一緒にたくさん笑って緊張をほぐしましょう．

大人が一方的に話すことは避け，言い直してあげながら子どものペースで話せるようにしましょう．

### 相談を利用するタイミング

**できるかなCheck** □歌ったり友達と話を楽しむ，□スムーズに話し出すことができる，□同じ音を繰り返したり引き伸ばしたりせずに話をする

大人のまなざしや対応が厳しくないか見直し，伸びやかに過ごせるようしていきます．吃音がひどくなっていく，1ヶ月以上続いている場合はかかりつけ医に相談しましょう．

## 93 手先が不器用

田村麻里子

### こんな場面はありませんか？

- ボタンかけができない，はさみを上手に使えない
- 箸をもっても握ってしまうなど，うまく使えない

身体をうまく使いこなせないために細かい動きができないことがあります．

### 家庭でできる取り組み

大人が少し手伝ってあげながら，楽しくできるようにしていきましょう．

不器用だからと大人がなんでもやってしまわず，励ましならができない部分を手伝ってあげるようにしましょう．

「ボタン見えてきたかなー？」

できないことを叱ったりせずに，できることを褒めたり一緒によろこぶことでもっとやってみよう，がんばってみようという気持ちが高まります．

「やったーできたー」

ちぎる，丸めるというのは手を上手に使うことにつながります．紙をただちぎるだけでなく，ちぎったら紙ふぶきをしてもらえるなど，楽しいことにつながることで子どもも取り組みやすくなります．

「オニギリできた！」

### 相談を利用するタイミング

**できるかなCheck** □歌ったり友達と話を楽しむ，□折り紙を半分に折ることができる

大人が手伝いながら自分でできることを増やしていく，箸が使えなければスプーンを上手に使えるようにしてから箸にするなど，子どもの状態に合わせていきます．
言葉が遅い，集中力がないなど他にも心配がある時は地域の保健師に相談しましょう．

## 94 同じ服しか着ようとしない

3〜4歳頃 ●身辺処理

京林由季子

### 🐘 こんな場面はありませんか？

- いつも同じ色と形の服しか着ようとしない
- どんなに寒くても半袖しか着ない

子どもが極端な服装へのこだわりを持つ場合には，何にこだわりがあるのかを探り（色，形，布地，マークやボタンなど），それに合わせた対応を考えます．

### 🐘 家庭でできる取り組み

好きなキャラクターを子どもと相談しお気に入りの服につけるなど，少しの変化を受け入れられるようにしましょう．場面に合わせて少しずつこだわりを和らげましょう．

お気に入りの服に好きなマークをつけましょう．

慣れてきたら別の服でも試しましょう．

季節に合わせて服装をカレンダーに書き込んで予告しましょう．

### 🐘 相談を利用するタイミング

**できるかなCheck** □こだわりが減少する，□季節や気候に合わせた服を着られる

小さい頃から独特の興味の偏りや決め事があり，そのこだわりが減少していない，あるいは，皮膚感覚が敏感で，生活や遊びの中で取り組みにくいことが複数ある場合にはかかりつけ医や地域の保健師に相談しましょう．

## 95 靴下をはかせても必ず脱いでしまう

3〜4歳頃 ●身辺処理

京林由季子

### 🗨 こんな場面はありませんか？

- 靴下をはかせてもすぐに脱いでしまう
- 冬でも靴下をはかず裸足のままで過ごしている

子どもにとって，靴下をはかなければいけない状況はあいまいなところがありますが，着衣感や肌触りなどに敏感な子どもの場合は，靴下をはくことに抵抗を示すことがあります．

### 🗨 家庭でできる取り組み

「寒いからはきなさい」ではなく「お買い物に行く時」などと場面を限定し，洋服と靴とのセットで示すようにします．慣れてきたら，場面を広げていきましょう．

着ていく洋服一式をセットしておきましょう．

電車に乗っておでかけするという楽しい場面を用意します．

脱いだ靴下の後始末の方法を教えておきましょう．

### 🗨 相談を利用するタイミング

**できるかなCheck** □TPOに合わせた服装を理解できる，□準備された服をきちんと身につけていられる

TPOに合わせた服装やマナーの理解は社会性の発達が必要となります．小さい頃から独特の興味の偏りや決め事があったり，皮膚感覚が敏感で生活や遊びに支障がある場合にはかかりつけ医や地域の保健師に相談しましょう．

## 96 ウンチをパンツの中でしかしない

3〜4歳頃 ●身辺処理

京林由季子

### こんな場面はありませんか？

・どうしてもおむつやパンツをしないとウンチができない
・カーテンやソファの後ろなどに隠れてパンツの中にウンチをする

　トイレ空間や便座が苦手でトイレでウンチをすることを嫌がったり，紙おむつやパンツへのこだわりからトイレでのウンチに切り替えが難しい子どもがいます．

### 家庭でできる取り組み

　トイレ空間の不安を取り除き，ウンチが出やすい時刻に一定時間便器に座ることに慣れさせましょう．パンツにしたウンチも，トイレで本人と一緒に水に流すようにします．

苦手なもの（換気扇の音など）はなるべく取り除き，子どもが好きなぬいぐるみなどを置き，安心できるトイレ空間にしましょう．

ウンチをトイレに流すところをみせましょう．

### 相談を利用するタイミング

**できるかなCheck**　□トイレで排泄できる

　排便の自立を焦りすぎると，排便へのこだわりが強固になったり，親子関係のゆがみが生じる場合があります．排便以外にも強いこだわりを示す物や場面があったり，友達との遊びに関心を示しにくい場合には専門病院や療育機関に相談してみましょう．

## 97 偏食がなおらない

田中信子

### こんな場面はありませんか？

- 好き嫌いが激しく好きな物しか食べない
- 食べられる食品の幅が広がらない

　食事の時間が楽しくなく食事に向かえません．偏食が激しい子は食べられる物が限られていて特定のメーカーの物や決まったお店の決まった物でないと食べない場合もあります．

### 家庭でできる取り組み

　無理強いせず食事環境を変えてみたり，食べ物に興味や関心が持てるようにしていきましょう．調理方法や食感，盛り付けにも工夫してみましょう．

　友達と一緒に同じものを食べるようにしましょう．

　盛りつけを工夫してみましょう．

　野菜の栽培をしたり，食事づくりに参加し，食べものに興味や関心をもたせましょう．

### 相談を利用するタイミング

**できるかなCheck**　□楽しい雰囲気の中で，様々な食べ物を進んで食べようとする，□食べ物に興味や関心が持てる，□苦手な物でも少し食べてみようとする，□よく噛んで食べる

　体重の増加や健康状態を把握し，異常がある場合はかかりつけ医または専門病院に相談しましょう．虫歯からくる偏食も考えられるので，歯の状況を確認し，虫歯やかみ合わせが悪い場合は歯科を受診しましょう．

●身辺処理

## 98 食べ物を見た目で判断して食べない

京林由季子

### こんな場面はありませんか？

・ごはんはのりを巻かないと食べない，サンドイッチは三角形に切らないと食べないなど，独特のこだわりがある

見た目で嫌な物は食べないという子どもは多くいます．しかし，独特のこだわりがみられる場合は，何にこだわっているのかを探り対応を考えます．

### 家庭でできる取り組み

食べ物へ興味をもたせる中で，少しずつこだわりを和らげていきます．食べ物の絵本や図鑑を読み聞かせたり，調理や盛りつけを一緒に楽しんだりしましょう．

食べ物への興味を持たせるため，調理を手伝ってもらいましょう．

絵本の図柄をまねて盛りつけをし，子どもの興味を引くのもよいでしょう．

○○の絵本と同じ！

### 相談を利用するタイミング

**できるかなCheck** □食べ物に興味をもつ，□嫌いな物でもはげまされれば少しは食べることができる，□集団や家族で楽しく食事ができる

食事場面以外にも，強いこだわりを示す場面が複数あり，友達との遊びに興味を示しにくい場合には専門病院や療育機関に相談しましょう．

●身辺処理　3〜4歳頃

## 99　服や手が汚れるのを極端に嫌がる

京林由季子

### こんな場面はありませんか？

- 手が汚れることが嫌で，砂や粘土を触れない
- ほんの少し食べこぼしがついただけで服を着替えないと気が済まない

泥水や砂に触ったことがないなど遊びの経験の乏しい子ども，皮膚感覚が過敏であったりこだわりが強かったりする子どもがいます．

### 家庭でできる取り組み

手ふきタオルや前掛けなど，子どもが安心できる道具を場面に応じて準備しましょう．受け入れることのできる感覚から出発し，無理強いをしないようにしましょう．

手ふきには，様々な素材を用意し，様々な感覚に慣れるようにしましょう．
汚れたらすぐに手がふけるように手ふきを用意しましょう．

粘土はよくこねて，手にくっつきにくくなったものから，さわる練習をしてみましょう．

### 相談を利用するタイミング

**できるかなCheck**　□手や服の汚れに対して神経質になりすぎない

手が汚れることが嫌でおにぎりやおやつを手で持てない，上着が少し濡れただけで下着まで全部取り替えるなど，日常生活に支障が生じるようなこだわりの場合は，それがいつ頃からみられたのか，過去に嫌な経験をしているかなどを整理し専門病院や療育機関に相談しましょう．

- 本書の複製権・翻訳権・上映権・譲渡権・公衆送信権（送信可能化権を含む）は株式会社診断と治療社が保有します．
- JCOPY 〈(社)出版者著作権管理機構　委託出版物〉
本書の無断複写は著作権法上での例外を除き禁じられています．複写される場合は，そのつど事前に，(社)出版者著作権管理機構（電話 03-3513-6969, FAX 03-3513-6979, e-mail: info@jcopy.or.jp）の許諾を得てください．

---

育てにくさをもつ子どもたちのホームケア　　ISBN978-4-7878-1964-2

2012 年 9 月 30 日　初版第 1 刷発行
2017 年 2 月 28 日　初版第 2 刷発行

| 監　修　者 | 小枝達也 |
|---|---|
| 編　集　者 | 秋山千枝子／橋本創一／堀口寿広 |
| 発　行　者 | 藤実彰一 |
| 発　行　所 | 株式会社　診断と治療社 |

〒 100-0014　千代田区永田町 2-14-2 山王グランドビル 4 階
TEL　03-3580-2750（編集）　03-3580-2770（営業）
FAX　03-3580-2776
E-mail： hen@shindan.co.jp（編集）
　　　　 eigyobu@shindan.co.jp（営業）
URL： http://www.shindan.co.jp/

| ジャケットデザイン | ジェイアイ（岐部友祐） |
|---|---|
| イラスト | アサミナオ・北川カズナ・小林弥生 |
| 印刷・製本 | 三報社印刷株式会社 |

Ⓒ Tatsuya KOEDA, Chieko AKIYAMA, Sôichi HASHIMOTO, Toshihiro HORIGUCHI, 2012. Printed in Japan.

[検印省略]

乱丁・落丁の場合はお取り替えいたします．